延安家风

王纪刚◎编著

红色文化·延安记忆

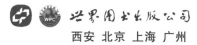

西安 北京 上海 广州

图书在版编目(CIP)数据

延安家风/王纪刚编著. —西安：世界图书出版西安有限公司，2020.11（2023.6重印）

ISBN 978-7-5192-7933-2

Ⅰ.①延… Ⅱ.①王… Ⅲ.①家庭道德—延安 Ⅳ.①B823.1

中国版本图书馆CIP数据核字（2020）第188687号

书　　名	延安家风
	YANAN JIAFENG
编　　著	王纪刚
责任编辑	雷　丹
出版发行	世界图书出版西安有限公司
地　　址	西安市锦业路1号都市之门C座
邮　　编	710065
电　　话	029-87214941　029-87233647（市场部）
	029-87234767（总编室）
网　　址	http://www.wpcxa.com
邮　　箱	xast@wpcxa.com
经　　销	全国各地新华书店
印　　刷	陕西龙山海天艺术印务有限公司
开　　本	787mm×1092mm　1/16
印　　张	13
字　　数	220千字
版　　次	2020年11月第1版
印　　次	2023年6月第3次印刷
国际书号	ISBN 978-7-5192-7933-2
定　　价	48.00元

版权所有　翻印必究

（如有印装错误，请与出版社联系）

《红色文化·延安记忆》丛书
序　言

　　有一个地方，地处西北荒原，条件艰苦，交通不便，却如同磁石一样吸引和召唤着全国各地以及海外的青年学生、爱国侨胞等各方人士纷至沓来。她以不可思议的"魔力"感染甚至动员了来自国内外的记者、民主人士、军政官员。有人感叹要是在这里继续待下去，可能也会变成一名共产主义者，而有的人则义无反顾地留在这儿一起战斗，甚至在抗战前线献出了宝贵的生命……

　　有一个地方，从来是作为精神的家园、灵魂的圣地，给了无数生长于斯、生活于斯、战斗于斯的人巨大的精神动力和情感寄托，令他们牵肠挂肚、难以忘怀；也令更多的人心怀崇敬，真诚向往……

　　这个地方，就是延安！

　　"深厚坚实的黄土，傍城东流的延河，嘉陵山上高耸入云的古宝塔，以及那一层层、一排排错落有致的窑洞，这一切都使我感到新鲜。特别是这里的人们个个显得十分愉快，质朴，人们之间的关系又是那么融洽。我看到毛主席、朱总司令等人身穿粗布制服出现在延安街头，和战士、老乡唠家常，谈笑风生，……我被深深地感动了。我觉得我已经到了另一个世界，这正是我梦寐以求的理想所在。"[①]

[①] 吴印咸：《延安影艺生活录》，艾克恩主编：《延安艺术家》，西安：陕西人民教育出版社，1992年，第282页。

——说这段话的,是著名摄影家吴印咸。他刚来延安时,只是应邀拍摄纪录片《延安与八路军》,并且是抱着拍完片子就回上海的态度。在延安,他享受着共产党人对外来知识分子的特殊礼遇:每个月120元的生活津贴。须知,当时作为中共领袖的毛泽东、朱德每月也就只有5块钱。一年多后,片子拍摄即将结束,时年40岁的吴印咸毅然做出了留在延安的决定,参加八路军!并按照八路军的标准拿着每月1块钱的津贴。①

　　作为第一个来到陕北采访的外国记者,美国人斯诺回顾自己四个月的采访,"是一段极为令人振奋的经历。我在那里遇到的人们似乎是我所知道的最自由最幸福的中国人。在那些献身于他们认为完全正义的事业的人们身上,我强烈地感受到了充满活力的希望、热情和人类不可战胜的力量,自那以后,我再也没有过那样的感受了。"②

　　不光是斯诺,后来带着"谁,什么是中国共产党?"疑问的不少外国记者、外国政要、外军将官,也都在与延安接触之后,不约而同地主动发声,向外界表达自己对延安的由衷敬意。用美国记者爱泼斯坦的话来说,"现在我能够做的,就是将我们知道的告诉全世界人民。"③

　　而那些在延安长期生活的人,对延安的体会尤为深刻:

　　　　在延安,真是地不分南北,人不分老幼,不管你学问多少,本事大小,总能找到你能干的工作,发挥你的长处。随着形势变化,工作岗位也经常变化。今天你当班长,说不定过几天就让你当连长;今天你领导他,不久他又领导你;变来变去倒把人变聪明了。懂得了岗位的变化、职务升降,都是形势需要、工作需要,一般人很少计较。而且不计较个人得失的人,往往发展得比计较

---

① 吴筑清、张岱:《中国电影的丰碑:延安电影团故事》,北京:中国人民大学出版社,2008年,第134页。
② [美]埃德加·斯诺著,宋久等译:《斯诺文集1:复始之旅》,北京:新华出版社,1984年,第212、213页。
③ [美]伊斯雷尔·爱泼斯坦:《把真理告诉全世界》,齐文编译:《外国记者眼中的延安及解放区》,上海:历史资料供应社,1946年,第140页。

得失的人更好。延安人在这方面受到的教育,是终身受用的。①

——这是先后在延安抗大、马列学院等学校学习,后来长期在延安工作的王仲方的肺腑之言。

难怪有人感慨:在延安,物质生活虽然简朴、艰苦,工作与劳动虽紧张,但精神上的愉快,是生活在世界上任何其他地方的人都不可能体会到的。这让人情不自禁地联想到了李白的佳句"此曲只应天上有,人间难得几回闻",②并由衷夸赞:延安的水是甜的,延安的小米是香的,延安的人是亲的。③

历史,是最客观的存在。

历史,值得记录,更值得记忆。

延安所体现的无处不在的红色记忆,在新时代的今天,尤其值得珍视。

更不用说,红色中国正是从这里一步步稳健地走来。

习近平同志指出:"历史和现实都证明,中华民族有着强大的文化创造力。每到重大历史关头,文化都能感国运之变化、立时代之潮头、发时代之先声,为亿万人民、为伟大祖国鼓与呼。中华文化既坚守本根又不断与时俱进,使中华民族保持了坚定的民族自信和强大的修复能力,培育了共同的情感和价值、共同的理想和精神。"延安时期的十三年,是我们党及中国革命不断发展、成熟、壮大的十三年,也是中国共产党局部执政取得杰出成就的十三年。深入挖掘延安十三年的红色文化,传承延安记忆中的红色基因,对于继承和发扬延安精神,弘扬革命传统,意义重大而紧迫。

这套《红色文化·延安记忆》丛书,从广大的普通读者,特别是年轻读者的需求为出发点,以党中央在延安十三年的伟大实践为蓝本,以权威文献资料

---

① 王仲方:《延安风情画——一个"三八式"老人的情思》,北京:中国青年出版社,2010年,第102、103页。
② 古达:《童年在故乡》,孙新元、尚德周编:《延安岁月》,西安:陕西人民美术出版社,1985年,第79页。
③ 罗文治:《我五次进出延安的经过》,西安市政协文史资料委员会编:《忆延安》(西安文史资料第17辑),西安:陕西人民出版社,1991年,第387页。

和延安时期代表人物的作品、回忆录等为文献依托，以客观的历史事件和人物活动为叙述对象，以平实朴素、鲜活传神的叙述视角和语言风格，采取图文并茂的方式，从延安时期的社会风尚、学校教育、文化活动、新闻宣传、经典事件、典型人物等不同角度，系统梳理和解读延安时期的壮阔历史。以大历史感知新时代，用小故事生发精气神，于客观描述与情景再现中，展现延安时期积极向上的社会风貌和时代精神。

历史，不单单是已经发生了的史实，也包括正在发生的事情。无疑，我们现在对历史的解读，在若干年后也同样会成为历史。正因此，我们要善待历史，敬畏历史。对红色延安的历史解读同样如此，甚至更应如此。

只有真正让历史说话，才能使红色记忆永存。

编写中，我们参考了大量的学术研究成果和历史文献，对引用的文献资料一般都进行了标注，限于行文体例及阅读便利，个别引文或引述没有标出，而以"参考文献"的形式附于文后；同时采用了由延安电影团、来延安采访的中外记者、驻延安的美军观察组成员等拍摄的历史照片，以及相关图书、出版物、网站上的照片资料，在此一并说明并表示诚挚的感谢。

前　言

延安时期英雄辈出，人们理想高扬、信念如磐。那段宝贵的红色记忆不仅深深烙印在当年亲历者心中，同样也令今天的人们神往而感念。

当年在延安生活、战斗的人们，不管是最高领袖，还是青年学生、普通民众，他们首先是肩负民族独立与解放使命、胸怀远大理想的革命者。他们自觉地把中国革命事业、把党和边区政府的工作、把人民的利益放在首位，为了中华民族的独立与解放，甘愿放弃，甚至勇敢地牺牲个人和家庭利益，以自己对时代的积极担当、对党和人民的无限忠诚、对革命事业的无私奉献，以及作为人民公仆的崇高情怀，共同描绘出一幅幅绚丽而灿烂的时代图景。

中共最高领袖毛泽东在大革命时期毅然辞别家人，走向井冈山，开创"以农村包围城市，武装夺取政权"的正确道路。妻子杨开慧在家乡遭敌人残酷杀害后，三个孩子毛岸英、毛岸青、毛岸龙在白色恐怖下被迫流浪，年龄最小的毛岸龙在此期间因失踪而不知所终！毛岸英兄弟俩后来被我地下党组织找到后送往苏联学习。1946年，与父亲毛泽东阔别19年的毛岸英从苏联回到延安。欣喜欢聚之后，毛泽东并没有对岸英在生活上特殊照顾，而是要求他和大家一起在机关食堂吃大灶，并且很快把岸英送到农村上"劳动大学"，此后又让他到山西晋察冀根据地作为农村工作队成员参加土地改革，深入了解农村，接受实践锻炼。

八路军总司令朱德的女儿朱敏1941年3月去苏联治病。当年6月,德国军队入侵苏联,朱敏所在的国际儿童院立即陷入困境。朱敏后来被遣送到德国东普鲁士的一个集中营,受尽磨难。作为军队将领的朱德自然知道在战争中城市失守意味着什么,但当康克清焦急地想发电报给苏联问问情况时,朱德却没有同意,他说:"人家国家的安危是大事,我们女儿的安危是小事。"为了参加革命,朱德远离家乡和亲人。当得知年迈的母亲在老家已去世时,在延安的朱德悲恸不已,半天没说一句话。此后一个月,他未刮胡子,默默地用家乡的习俗表达对母亲深深的哀悼。

任弼时在女儿任远志出生前一个礼拜,遵照中央政治局会议要求,作为中央代表团成员离开上海,紧急赶赴江西苏区指导工作。由于叛徒的出卖,刚出生不到100天的任远志与母亲陈琮英同时被捕,在敌人监狱关押近半年后,才在党组织营救下离开魔窟。陈琮英把任远志送到湖南农村老家后,自己立刻秘密前往苏区与任弼时会合,开展革命工作。1946年,已经15岁的任远志才在延安与父母再次相见。

1931年12月,组织上决定让聂荣臻到苏区工作,此时聂荣臻的女儿聂力才1岁多。聂荣臻从此告别妻儿,直到聂力16岁时才全家团聚。在此期间,聂荣臻把女儿的照片时刻放在贴身的衣服口袋里,把对女儿的思念和爱默默藏在心中,自己则戎马倥偬,全身心投入伟大的民族抗战事业。①

延安时期,中央宣传部工作人员黎扬的爱人随三五九旅南下。她一个人带着年幼的孩子,工作和生活都很受影响。革命老人徐特立主动安排把黎扬的住处调到自己住所旁边,便于让家人帮助她照顾孩子。有一次,黎扬抱着女儿走到徐老住处,一进窑洞,孩子的小手就指着徐老的书架,要吃书架上放着的饼干。黎扬这才知道自己的女儿早已是徐老的"不速之食客"。这种自制饼干是因为徐老肠胃不适,家人特意为他烤制的。徐老自己不吃,却留给黎扬的女儿,

---

① 聂力:《山高水长——回忆父亲聂荣臻》,上海:上海文艺出版社,2006年,第126页。

使黎扬在恍然大悟之余感动不已！①

董必武是参加中共一大的12位代表之一。作为德高望重的"延安五老"之一，他长期在重庆中共南方局开展统一战线工作。1944年1月5日，重庆《新华日报》刊登了中共中央给董必武的祝寿电。重庆各民主党派负责人和社会知名人士纷纷在《新华日报》上献祝寿词、寿诗，庆贺他的60岁生日。事实上，当时的董必武刚年满58周岁，之所以提前举行祝寿会，是为了打破国民党当局对我南方局办事处的干扰和封锁，各界人士以祝寿活动为突破口，借此交换对时局的看法，磋商联合起来对国民党当局进行斗争的策略。表面上大家通过诗词赠答为董必武祝寿，实际上也是在歌颂中国共产党，称道中共的抗日民族统一战线政策。②也因此，董必武的祝寿活动已经不是个人家务，而是上升为革命的家务，成为开展斗争的有效方式③。

延安时期，由于中国共产党和边区政府所处的严酷环境，在延安的许多人把家人留在老家，自己全身心地投身于革命工作。有的即使夫妻双方都在延安，却都是在组织分配的单位全天候工作和生活，最多在每个礼拜六才团聚一次，以至于形成延安时期特有的"周末团聚"现象。即使这样，他们在家庭生活中，包括在子女教育中，依然保持着革命者的纯粹本色，对自己、对家人、对子女和晚辈严格要求，率先垂范。任弼时的侄子任楚，在延安解放社印刷厂担任排字工，与他一起工作的，还有毛泽东的侄子毛文志，他先是在机器部当学徒，后来便成为熟练的机器工人。④

---

① 黎扬：《在徐老培养爱护下成长》，吕夷主编：《人民教育之光 纪念徐特立诞生115周年暨徐特立教育思想研讨会文集》，西安：陕西人民教育出版社，1993年，第40、41页。

② 胡传章、哈经雄：《董必武传记》，武汉：湖北人民出版社，2006年，第206—212页。

③ 董必武1956年3月5日在《七十自寿》序言中写道：1944年1月在重庆，友好为我六十生日称觞，多赐诗祝寿。当时重庆政治空气恶劣，友好晤面不易。借祝寿集会为避禁网之一法，实则彼时我六十尚有两年。见《董必武诗选》，北京：人民文学出版社，1977年，第61页。

④ 程海洲：《任弼时同志教育着我们》，中共中央文献研究室编：《回忆任弼时》，北京：中央文献出版社，2014年，第119页。

1938年，孙炳文烈士①的妻子任锐在党组织帮助下，与儿子和女儿来到了延安。1945年秋，任锐的儿子孙名世从前线回延安看望母亲。当时，组织上为照顾任锐，决定让孙名世留在延安工作，任锐却义无反顾地支持儿子到东北前线。送儿子出发那天，任锐写了《送儿上前线》一诗，其中写道："昔别儿尚幼，犹著童子装。今日儿归来，长成父模样。相见泪沾襟，往事安能忘？父志儿能继，辞母上前方。"孙名世没有辜负母亲的期望，他为了中国人民的解放事业，英勇战斗，血染沙场，壮烈牺牲于抗战前线。②

延安这个革命大家庭中时时处处充满着温情和关爱。著名爱国将领续范亭为表达对国民党消极抗战的不满，曾在南京中山陵剖腹明志，经抢救治疗后留下严重的后遗症。1941年3月，续范亭来到了延安。毛泽东对续范亭的身体非常关心，多次看望并数次致信续范亭，了解他的治疗情况和所需医药。毛泽东还主动致电周恩来、廖承志及八路军驻重庆办事处，请他们设法为续范亭购买药品。1942年初，国际友人赠送给延安一批新药品盘尼西林，毛泽东马上派人分一部分给续范亭送去。③

1946年1月30日，周恩来作为中共代表从延安乘飞机赴重庆，参加政治协商会议决议签字和闭幕式，随行的还有叶挺将军的女儿叶扬眉。当时小扬眉正在延安学习，为了迎接即将出狱的父亲，周恩来特意从延安把她带去重庆。当飞机经过秦岭上空时，突然遇到一股强大的冷气团。为防意外，机长要求乘客从座位下拿出降落伞背上，随时准备跳伞。周恩来背上降落伞，又帮助别人系伞。小扬眉因为座位上没有伞哭起来。周恩来看到后，立即从摇晃着的机身中几步跨到小扬眉面前，迅速解下自己背着的伞包给小扬眉背上，并鼓励她说："小扬眉不要哭，你要像你爸爸那样勇敢、坚强，要与困难和危险斗争。"同

---

① 孙炳文（1885—1927），四川宜宾人。1913年与任锐在北京结婚。1922年加入中国共产党。曾任国民革命军总政治部秘书长、总政治部后方留守处主任等职务。1927年因叛徒告密而被捕，面对敌人的威胁利诱坚贞不屈，慷慨赴死，牺牲时年仅42岁。
② 《中华之魂》编委会：《〈中华之魂〉星辰谱——儿女的梦幻》，北京：知识产权出版社，2007年，第13页。
③ 《中华之魂》编委会：《〈中华之魂〉星辰谱——父辈的追寻》，北京：知识产权出版社，2007年，第272、273页。同

机的人都劝说，小扬眉个子小，和别人同用一个伞就可以了，但周恩来不同意。这是生与死的紧急关头啊！周恩来把生的希望给了小扬眉，把死的威胁留给自己。幸好最终飞机冲出了冷气团，人们脱险了。①

美国记者斯诺在《红星照耀中国》（又名《西行漫记》）中记下了他眼中的红军将领彭德怀关心红军小战士的场景：有一次，我同彭德怀一起去看一军团抗日剧团的演出，我们同其他战士一起在临时搭成的舞台前面的草地上坐下来。他似乎很欣赏那些演出，带头要求唱一个喜欢听的歌。天黑后天气开始凉起来，虽然才只是八月底。我把棉袄裹紧。在演出中途，我突然奇怪地发现彭德怀却脱了棉衣，这时我才看到他已把棉衣披到坐在他身旁的一个小号手身上。②

延安的共产党人几乎把所有的精力和时间都投入革命工作中，对家庭和家人的照顾往往难以兼顾。但即便如此，在血色革命年代的峥嵘岁月中，延安的人们依然以他们坚定而崇高的革命理想、纯洁而高尚的优秀品德、热情而友善的人格魅力，以对革命事业的忠诚担当，以及对革命后代的严格要求、关心厚爱，共同营造并展现出那个火红年代的革命家风。不仅体现了老一辈革命家"革命第一，工作第一，他人第一"的高尚情操，而且从家风养成方面展现出延安时期良好的社会风尚，成为延安革命文化和延安精神不可或缺的重要内容。

习近平总书记指出，家风是社会风气的重要组成部分。家庭不只是人们身体的住处，更是人们心灵的归宿。家风好，就能家道兴盛、和顺美满；家风差，难免殃及子孙、贻害社会。……毛泽东、周恩来、朱德同志等老一辈革命家都高度重视家风。广大家庭都要弘扬优良家风，以千千万万家庭的好家风支撑起全社会的好风气。特别是各级领导干部要带头抓好家风，继承和弘扬革命前辈

---

① 童小鹏：《风雨四十年：童小鹏回忆录》（第一部），北京：中央文献出版社，1994年，第411、412页。
② [美]埃德加·斯诺著，董乐山译：《红星照耀中国》，北京：作家出版社，2012年，第196页。

的红色家风……要为全社会做表率。①

  本书以延安时期革命前辈的优良家风为主题,借助于权威的档案文献资料,以及关于延安时期的相关论著与报道,特别是延安时期亲历者的人物传记、回忆录、书信、日记等,从有限的历史文本与时代影像中,通过对当年历史场景和生活片段的客观描述,真实还原和再现延安时期老一辈革命家的时代家风。相信延安家风不仅会对今天的我们有启迪、借鉴作用,更会让我们油然生出对革命先辈的崇高敬意,并把这种宝贵的精神财富化作今天奋勇前行不竭的力量源泉!

作者:王纪刚

---

① 摘引自习近平总书记在会见第一届全国文明家庭代表时的讲话(2016年12月12日)。

延安家风 目录

◆ 001　"莫斯科大学毕了业，但学的都是书本知识，你还需要进另一所大学。"

——毛泽东

◆ 008　"是共同的革命理想和不畏艰险的奋斗精神把我们紧紧地连结在一起的。"

——周恩来

◆ 019　"要记住，你是党用几百块大洋换回来的，是人民用血汗赎回来的，等你长大了，也要为千千万万的受苦人办事。"

——刘少奇

◆ 027　"那些望升官发财之人决不宜来我处，如欲爱国牺牲一切能吃劳苦之人无妨多来。"

——朱　德

◆ 038　"吃了人民的小米不能辜负人民对你们的希望，将来一定要为人民做事。"

——任弼时

◆ 046　"我年纪比你大几岁这是我的缺点,我希望在其他方面可以弥补。"

——邓小平

◆ 052　"我是个老实人,你也是个老实人,老实人和老实人在一起能够合得来。"

——陈　云

◆ 060　"你这才像个当兵上前线的样子!"

——彭德怀

◆ 068　"与人民群众、士兵同甘共苦是我们共产党的优良传统和一贯作风。"

——林伯渠

◆ 078　"我们共产党人是要革命,不是要讲阔气!"

——董必武

◆ 087　"我虽然不是你们的儿子,但我是个共产党员,是人民的儿子!"

——吴玉章

◆ 094　"我爱自己的家庭，爱自己的妻室儿女，但国家的问题还没有解决，革命还没有成功，国破家安在？"

——徐特立

◆ 102　"来延安不是为了挣钱养家，而是要下定决心干一辈子革命。"

——谢觉哉

◆ 112　"接触实际，联系群众，这是一个共产党员的终身事业！"

——张闻天

◆ 121　"忘掉我，不要为我的牺牲而伤痛，集中精力进行战斗。"

——王若飞

◆ 127　与蔡畅一起营造孩子们共同的"家"！

——李富春

◆ 134　"我们身为领导，不能脱离群众。"

——王稼祥

◆ 141　"永远跟着党走，只有共产党才能救中国！"

——续范亭

◆ 149 | "我从人民群众身上看见了无穷的力量!"

——叶 挺

◆ 158 | "你们不但要习惯于喝小米粥,还要习惯于吃小米饭。"

——茅 盾

◆ 167 | "边区确是全中国最快乐的地方!"

——范文澜

◆ 172 | "我们要时刻站在民众面前,替民众谋利益的。"

——冼星海

◆ 183 | 参考文献

◆ 189 | 后记

> "莫斯科大学毕了业,但学的都是书本知识,你还需要进另一所大学。"

——毛泽东

1946年1月7日,时年23岁的毛岸英在离开祖国9年后,从苏联莫斯科回到延安。

毛岸英是毛泽东与杨开慧烈士的大儿子。在他幼小的时候,毛泽东投身于革命事业,无暇照顾家人;1927年大革命失败时,毛岸英随母亲及两个弟弟回到老家湖南长沙县隐蔽。1930年10月24日,杨开慧不幸被捕。11月14日,杨开慧被国民党反动派残酷杀害后,毛岸英兄弟三人被迫辗转到上海,并过着漂泊流浪的生活,最小的毛岸龙在此期间不幸失踪。1936年,毛岸英和毛岸青终于被中共上海地下党组织找到,后平安地送往苏联。

虽然毛岸英兄弟俩不在身边,毛泽东对他们的教育依然非常重视,多次在书信中叮嘱岸英加强学习,掌握本领,为今后献身革命事业打好基础。

毛泽东写给毛岸英、毛岸青的信

毛岸英在延安

在延安王家坪毛泽东住地，见到阔别19年的儿子，毛泽东非常高兴，毛岸英也是激动异常[①]。令毛岸英没想到的是，毛泽东并没有让他住在家里，而是让他与中央机关的同志们一起生活，并和大家上大灶食堂吃饭。

实事求是地讲，对于刚刚从苏联回来的毛岸英来说，这种生活上的挑战还是非常大的。据当时担任陕甘宁边区政府延安交际处处长的金城回忆：

> 那时，边区的生活虽然经过大生产运动，比抗战最困难时期有了很大的改善，但总的来说还是比较艰苦的。比如，一般大灶虽然油、肉和蔬菜比过去有了很大增加，各种粗粮也可任你吃饱，但大米白面还是不充裕的，往往一个星期只能吃上一两次。
>
> 而那时的苏联，虽然经过卫国战争，生活水平下降不少，但由于生活习惯的不同，食物的构成与我国大不一样。在那里长期生活过的人，一下子回到延安，要适应边区的伙食，也确实需要一个过程。[②]

[①] 据师哲回忆，那时他也参加了当天的迎接活动，也与毛岸英握了手。但第二天毛岸英见到他时，显得很吃惊，好像才见到的样子，显然，昨天毛岸英的心思重点都放在父亲毛泽东身上了。见师哲：《峰与谷——师哲回忆录》，北京：红旗出版社，1997年，第208页。

[②] 金城：《延安交际处回忆录》，北京：中国青年出版社，1986年，第271页。

时任中共中央办公厅负责人杨尚昆考虑到毛岸英刚从苏联回来，需要有一个适应过程，一开始并没有按照毛泽东所说的，让毛岸英在大灶吃饭，而是与金城私下说好，让岸英住到交际处，条件相对能好一些，没想到还是被毛泽东偶然间发现了。

金城描述道：

> 考虑到这种情况，岸英同志回延以后，杨尚昆同志把他安排到我们交际处住。因为交际处是招待外来宾客的地方，客人们的伙食要比一般机关的大灶好得多……这件事我们未告诉毛主席，怕毛主席不同意。
>
> 哪知事有凑巧。一天，毛主席来交际处看望他青年时代的老师、原长沙第一师范的校长符定一先生和国民党联络参谋等，正好看到毛岸英在和交际处的其他客人谈话。事毕，我送主席下山上车时，主席问我："岸英也住在这里？""是的。"我回答。"为什么让他住在这里？"主席又问。我回答说："这是尚昆同志的意思。尚昆同志考虑到岸英刚从苏联回来，生活上不太习惯，让他在这里适应一段时间。反正马上就要分配他工作了，上班前让他在这里住几天吧。"
>
> 毛主席摇摇头，只"唔"了一声，当时没说什么。过后不久，主席就把毛岸英召回去了。①

让大家更想不到的是，毛泽东要把岸英送到农村去生活，并接受长期的劳动锻炼。

一天下午，毛岸英来到王家坪，向父亲汇报在国外学习的情况。毛泽东坐在对面仔细地听着，不时点点头。然后，望着儿子白中透红的脸庞，想了一会儿说："莫斯科大学毕了业，但学的都是书本知识，你还需要进另一所大学。这所大学，外国没有，它叫劳动大学。在那里能学到书本上学不到的知识！在

---

① 金城：《延安交际处回忆录》，北京：中国青年出版社，1986年，第271页。

毛泽东与毛岸英在延安王家坪

这所大学毕了业,才算真有知识。"

毛泽东说的"劳动大学"就是到农村去,通过参加生产劳动,磨炼意志,了解中国的实际。那么送他去哪里上这所"劳动大学"呢?毛泽东想到了吴家枣园。毛泽东对儿子说:"我已为你请好了一位老师。"这位"老师"就是吴满有。

吴满有原是陕西榆林横山人,1928年逃荒到延安柳林乡吴家枣园。1937年,中共中央进驻延安后,吴满有分得了土地,便以饱满的热情和强烈的主人翁意识开展生产劳动,常常天没亮就上山,天黑了才从地里回来。挖地至少要深挖到七寸,锄地至少要锄两次,所以生产的粮食比其他农户多近两成。吴满有积极响应陕甘宁边区政府大生产运动的号召,1941年收获粮食34石,缴纳公粮14.3石、公草1000斤,购买公债、公盐代金815元,当年还被选为乡参议员。1942年开荒36亩,1943年开荒96亩。1942年4月30日延安中共中央机关报《解放日报》以《模范农村劳动英雄吴满有 连年开荒收粮特多 影响群众积极春耕》为题,报道了吴满有的事迹,并刊发了《边区农民向吴满有看齐!》的社论,吴满有成为陕甘宁边区有名的劳动英雄。1943年,陕甘宁边区普遍开展"吴满有运动",掀起了生产运动的热潮。

毛泽东对吴满有有着深刻的印象,决定将儿子送到吴满有那里上"劳动大学",拜吴满有为师,向普通劳动人民学习,接触第一手生活,并经受历练。他对毛岸英说:"延安虽'土',但却是中国革命的'圣地',到处都有'真人',不要显摆自己,要虚心向他们学习。现在惊蛰刚过,农民又要开始辛勤地耕耘了,这正是你学习的好机会。种庄稼的学问很深,你就去吴满有那里好好学习吧!"

清明节后,毛泽东在王家坪再一次与儿子进行了长谈,并嘱咐了三件事情:"你过去吃的是面包牛奶,回来要吃中国的小米,可养人呢;你到了农村见了年纪大的,要叫爷爷奶奶,年纪轻点的,要叫叔叔婶婶,和你年纪一般大的,要叫同志哥,千万不能喊别人的名字,别没大没小的;农村是有虱子的,见了也别怕,有水就多洗几次,没水就多捉几次,慢慢就会适应。"

毛泽东把儿子介绍给吴满有时恳切地说:"我现在给你送来一个学生,他住过外国的大学,没住过中国的大学。现在就去你那里上'劳动大学',你就是他的老师!"

毛岸英临行,毛泽东把自己穿了几年的一套粗布衣服送给他,又叮咛说:"什么时候有了你自己的劳动果实,老师和乡

毛泽东与吴满有交谈(1943年)

亲们满意了,你就可以毕业回来了。"

农历三月初七,毛岸英穿着父亲打了补丁的棉衣,背着一斗小米,在毛泽东警卫员贺清华协助下,前往延安县柳林区二乡的吴家枣园报到,从此开启了一段新的生活。①

金城后来回忆道:

> 毛主席指定岸英同志去的地方,离延安有好几十里路,当时毛主席只许岸英用毛驴驮行李,而不许他骑毛驴走。主席要他肩扛小米,带着"学费"诚诚恳恳地去向农民学习。②

到了吴家枣园,毛岸英第二天就跟吴满有"上课"了。在农村这所大学里,毛岸英虚心拜农民为师,听从他们的教导,坚持同吃同住同劳动。吴满有对自己的这位"学生"特别喜爱,教得也十分认真,从送粪、耕地、点种、锄草、分苗,到收割、碾打等一套活路,一件件手把手地教。随着季节的变化,毛岸英先后学会了送粪、犁地、播种等农活,完全是一个地道的陕北后生模样。有一次,他抽空回到家里,毛泽东仔细打量着儿子,看到岸英面孔晒得黝黑,手上起了厚茧,身子也比以前更壮实了,高兴地连连说:"好!好!"

毛岸英在吴满有家上"劳动大学"期间,当时还是延安《解放日报》记者的柯蓝下乡到吴家枣园采访吴满有,发现他家多了一个小伙子,穿着陕北农民衣服,头上包了一块"羊肚子"手巾。柯蓝以为是吴满有临时雇的短工,问是不是横山③下来的移民。吴满有一听笑了,把他拉到一边悄悄说:"这是毛主席的儿子,刚从苏联回延安,叫毛岸英。是主席派他住在我家来劳动锻炼的。"之所以在当时还保密,是怕公开后区乡干部会优待毛岸英,不让他吃苦。柯蓝

---

① 丁晓平:《家世·家书·家风:毛泽东的亲情世界》,北京:中央文献出版社,2006年,第134、135页。
② 金城:《延安交际处回忆录》,北京:中国青年出版社,1986年,第271页。
③ 横山,即横山县,位于陕北榆林,今榆林横山区。延安大生产运动期间,陕甘宁边区鼓励外地来的人移民开荒,延安也有许多从榆林等地来的移民。据统计,延安时期先后有26万外地移民在陕甘宁边区参加开荒生产。

为此大受感动,随即写了一篇报告文学,并寄给毛主席请他修订事实。不料寄出后,毛主席办公室秘书告诉柯蓝,说毛主席不同意发表。这篇文章后来还是在东北全境解放后,才由东北新华书店印成了单本小册子,书名《上劳动大学》,印数达 30 多万册。①

1947 年 4 月,为了让毛岸英更深入地接触农村,了解中国农民,毛泽东安排毛岸英参加了土改工作团,到山西临县郝家坡参加农村的土地改革。两个月后,毛岸英在给父亲毛泽东的信中,深有感触地汇报道:"我在郝家坡参加了两个多月的土改,对问题的认识比在吴家枣园更深一步。人活着,就要生活。生活的第一需要是衣食住行,这些东西只有通过劳动才能获得。因此,人生的第一步就是生产劳动。人们在生产劳动中由于所处的地位不同,结成了一定的关系,决定着不同的物质利益,形成了不同的阶级和集团……没有群众的监督,没有民主,好干部也会变坏……没有深入到下面的实际接触,在上面就是听一百个最好的报告,也没有这收获大、感触深……这好比地不耕而撒上哪怕是最好的种子,亦是徒劳无功,一阵风就吹走了……"

毛泽东对毛岸英通过实际工作所取得的进步十分高兴。1947 年 10 月 8 日,他在给毛岸英的信中写道:"一个人无论学什么或作(做)什么,只要有热情,有恒心,不要那种无着落的与人民利益不相符合的个人主义的虚荣心,总是会有进步的。"

毛泽东的谆谆教导成为毛岸英人生旅途中不竭的思想和精神动力。1984 年,毛岸英的妻子刘思齐在回忆文章中追述道:"从此,岸英无论是在工作中,还是学习中,一直遵循着父亲对他的这一宝贵教导。岸英非常珍惜它,在他牺牲后,我在他的日记和几本笔记本的扉页上都看见过他对这一段话的摘录。这一教导已经成了他的座右铭。"②

---

① 杨庆旺:《毛泽东致民主党派及知名人士》(毛泽东书信故事丛书),北京:中共党史出版社,2014 年,第 44、45 页。

② 丁晓平:《家世·家书·家风:毛泽东的亲情世界》,北京:中央文献出版社,2006 年,第 141 页。

> "是共同的革命理想和不畏艰险的奋斗精神把我们紧紧地连结在一起的。"

——周恩来

抗战期间,中共中央南方局和八路军驻重庆办事处在重庆开展了卓有成效的工作。周恩来作为中共南方局负责人,经常来往于延安和重庆之间,其中有很长一段时间,他在重庆主持中共南方局的工作。在这里工作的还有不少女同志,周恩来的妻子、同时也是老资格共产党员的邓颖超也在南方局负责妇女委员会工作。在一次为办事处女同志召开的座谈会上,邓颖超就如何处理好工作与家庭的关系,讲了这么一段话:妇女干部首先应该是好党员好干部,同时又应该是革命的贤妻良母;要把握好、处理好恋爱、婚姻等几个人生关键的问题。邓颖超还把自己与周恩来共同总结的夫妻之间的"八互"原则,即互爱、互敬、互勉、互慰、互让、互谅、互助、互学,赠送给在座的大家。[①]

1946年5月11日,在出席重庆中共代表团工作人员李晨、陈浩的婚礼时,邓颖超向两位新人表示祝贺,并利用这个机会再次提出了夫妻之间应做到"八互",即互敬、互爱、互助、互勉、互信、互慰、互让、互谅。[②]

---

① 陈志凌:《中共党史人物传精选本》(6),北京:人民日报出版社、中央文献出版社,2001年,第61页。
② 陈浩:《学习邓大姐的革命品质——回忆深受教益的三件事》,《忆邓大姐》编辑组编:《忆邓大姐》,北京:中央文献出版社,1994年,第314页。在这里,"互信"与前文的"互学"略有不同。又,1946年5月下旬,另外一对新人陈叔亮、康岱沙结婚时,邓颖超给他们写了贺信,信的内容也是用"八互"精神教育、祝勉他们。见康岱沙:《毕生的怀念》,《忆邓大姐》编辑组编:《忆邓大姐》,北京:中央文献出版社,1994年,第94页。

周恩来与邓颖超伉俪情深，他们二人所共同培育的良好家风，就是对"八互"原则的模范实践。

周恩来与邓颖超是在1919年"五四运动"中相识的。此后周恩来赴法国勤工俭学期间，与在国内同样从事革命工作的邓颖超通过书信往来，发展着纯洁的友谊。随着书信互通中友情的与日俱增，特别是两人之间的了解日深，"都建立了共同的革命理想，要为共产主义奋斗"[1]，终于在1923年的一天，周恩来从大洋彼岸向邓颖超表达了爱慕之情，并在回国后，于1925年8月与邓颖超在广州一间平常的小屋里结成了终生的革命伴侣。[2]

周恩来与邓颖超在延安

20世纪50年代中期，周恩来在教育晚辈正确对待恋爱和婚姻问题时，介绍了他同邓颖超恋爱并结成终生革命伴侣的经过：

> 当我决定献身革命的时候，我就考虑，作为一个革命者的终身伴侣，必须也能一辈子从事革

---

[1] 邓颖超：《从西花厅海棠花忆起（代序）》，中共中央文献研究室编：《周恩来邓颖超通信选集》，北京：中央文献出版社，1998年，第5页。

[2] 金瑞英等：《邓颖超——我们的邓大姐》，金瑞英主编：《邓颖超 一代伟大的女性》，太原：山西人民出版社，1989年，第532页。据张治中回忆，周恩来和邓颖超结婚时还在广州市旧汉民路一家规模不大的西餐馆举行了庆贺，邓演达、恽代英、邓中夏、陈延年、张治中等都参加了，还闹了酒。见余湛邦：《记邓颖超与张治中的友谊》，《忆邓大姐》编辑组编：《忆邓大姐》，北京：中央文献出版社，1994年，第97页。

命，应该选择一个能够经受得住革命的艰难险阻和惊涛骇浪的人作为伴侣，共同战斗。我是这样选择了你们的七妈（笔者注：即邓颖超，周恩来在周家的排行是老七，所以后代称呼邓颖超为七妈）的。接着，就和她通起信来了。我和你们七妈在共同的斗争中和长期的通信中，相互了解的基础是坚实的，是共同的革命理想和不畏艰险的奋斗精神把我们紧紧地连结在一起的。①

而对于他们之间所盛开的爱情之花，邓颖超的表述则更为浪漫。据方铭等人的文章描述：

> 在延安一次三八妇女节的座谈会上，中央妇委的女孩子起哄要邓大姐讲她的恋爱故事。邓大姐毫不忸怩地站起来背诵了一封周恩来给她的信。她背得那样纯熟，真令人惊讶。在这封信里，还有一首含蓄的诗呢！周恩来倾诉衷肠的信，在邓颖超心目中有着怎样的分量，也便由此可知了。②

当时在南方局共同工作生活的周恩来和邓颖超，所体现出来的革命者的良好家风，给南方局的同事们留下了美好的记忆。

当时担任南方局组织部秘书的荣高棠回忆道：

> 1941年6月，我从川康特委调到南方局工作，来到重庆红岩村。从此，我这一家人在周恩来同志和大姐身边度过了一段难忘的时光。
>
> 到红岩村后，我和管平（笔者注：荣高棠的妻子，1939年与荣高棠在延安结婚，后一起在重庆中共南方局工作）住在二楼，正好和周恩来同志夫妇

---

① 方铭等：《革命伴侣 模范夫妻——周恩来与邓颖超》，金瑞英主编：《邓颖超 一代伟大的女性》，太原：山西人民出版社，1989年，第91页。
② 方铭等：《革命伴侣 模范夫妻——周恩来与邓颖超》，金瑞英主编：《邓颖超 一代伟大的女性》，太原：山西人民出版社，1989年，第100页。

是对门。当时,我们的头生儿子还不到一岁,大姐几乎天天过来看他、抱他、逗他玩,十分疼爱。小家伙也的确可爱,不爱哭,也不闹,一逗就乐呵呵地笑。孩子一乐大人也跟着乐,我们这个小家常常洋溢着温暖而又欢乐的气氛。当大姐知道孩子还没有起名字,就说:就叫"小乐天"吧!大姐还自称是"大乐天",意思是这孩子和她一样,都称得上是"乐天派"。恩来同志在工作之余,也常过来抱抱孩子,把这作为一种放松和休息。

童小鹏同志曾为大姐拍了一张抱着小乐天的照片。一天,这张照片贴到了机关办的墙报上,旁边还附了一首周恩来同志亲笔写的打油诗:

大乐天抱小乐天,

嘻嘻哈哈乐一天;

一天不见小乐天,

一天想煞大乐天。

——赛乐天题①

周恩来在重庆红岩办事处亲自撰写的壁报稿(1940年)

曾在延安鲁艺任教过的岳慎讲述过这样一段关于邓大组的往事:

"毛主席和恩来他们在重庆忙于谈判,现在重庆还很热,延安已是深秋了。没事时我准备给恩来织一件毛背心,他回来时就有的穿了。"

---

① 荣高棠:《我们心中的大姐 孩子心中的母亲——邓颖超同志和我们一家》,金瑞英主编:《邓颖超 一代伟大的女性》,太原:山西人民出版社,1989年,第141、142页。

说着她拿起石台上咖啡色的旧毛线给我们看。我们看着邓大姐正在织着的毛背心，思绪飞到了遥远的重庆。几位大姐理解我们的心思，我们来看望她们，更惦念着参加重庆谈判的毛主席、周副主席的安危。①

曾在周恩来和邓颖超身边工作的成元功回忆道：

> 周副主席有个习惯，从来只用白手绢。我们每天给他换一块。1945年11月，周副主席从重庆回到延安时忘了带手绢。邓大姐发现后，便找了一块白布亲自为周副主席缝制了两块手绢。这两块手绢做得非常细致、漂亮。她按照旧手绢大小将布裁好，再在离边一寸处抽掉几根经、纬线，把边折回压好，每隔三根线挑缝一针，缝得非常仔细。做好后同外面买的手绢一模一样。真是针针线线表深情呀。②

当时在重庆红岩八路军办事处从事机要工作的张颖也生动地回忆起1940年，在重庆八路军办事处，邓大姐对妇女干部讲过一段关于革命妇女工作、学习和生活的话：

> 在人类历史中，马克思最鲜明地提出男女平等。历史也证明，革命要取得胜利没有妇女参加是不可能的。世界上只有共产党才真正实践马克思提出的这一真理，才能做到真正的男女平等。男同志能干的，女同志也能干。因此妇女干部最重要的是树立革命的人生观，为共产主义奋斗终生。

---

① 岳慎：《难以忘怀的往事》，《忆邓大姐》编辑组编：《忆邓大姐》，北京：中央文献出版社，1994年，第155页。
② 成元功：《忆邓大姐对我的身教言教》，《忆邓大姐》编辑组编：《忆邓大姐》，北京：中央文献出版社，1994年，第306、307页。

严格要求自己,作真正的革命者,好共产党员;同时,妇女在许多方面又和男同志不一样,她还有着自己的特殊使命,是男同志所不能代替的,那就是在建立家庭、培养革命后代方面。妇女干部首先应该是好党员好干部,同时又应该是革命的贤妻良母。

你们认为贤妻良母不入耳吧,那就改一改,"革命的好妻子、好母亲"。女同志嘛,总是要当妻子当母亲的,以共产主义的标准来要求,可不容易做到,很不简单啦!

....

重要的是选择一个革命伴侣,终生伴侣。有些年轻人把过多精力浪费在恋爱上,挑来挑去,甚至把革命工作放在一边了。我并不主张一见钟情,没有相互了解怎么行呢?要相互了解,有共同理想和志趣才经得起考验。既然是革命伴侣,重要的是能在革命工作中相互帮助,相互促进,共同对革命事业作出贡献。既然是终生伴侣,那就要相互体谅,谈恋爱时卿卿我我只是暂时的,要几十年共同生活在一起,能始终如一就不那么容易了。

....

婚姻与家庭,同时即意味着培育后代,这也是生活的必然规律。应该把孩子看成是革命的后代、接班人,有的同志当了母亲,就要面对现实,现在我们条件艰苦,不可能溺爱孩子,以后条件好了也绝不能溺爱。要让孩子在风雨中长大,否则不能成为革命接班人。必须让孩子身体和思想都得到健康的发展。当然,养育子女父母双方都有责任,男同志也应该管家务。①

---

① 张颖:《作革命的好妻子、好母亲——记邓颖超同志四十年前对妇女干部的一次谈话》,金瑞英主编:《邓颖超 一代伟大的女性》,太原:山西人民出版社,1989年,第446—449页。

周恩来在延安

1939年夏,周恩来在延安开会期间,因坐骑受惊摔伤了右臂,党中央决定送他去苏联就医。当时在重庆南方局工作的邓颖超获知这个消息后,便给中央打电报,请求组织批准她陪同周恩来赴苏联治疗伤臂,并照料他的生活起居。邓颖超的请求得到了批准。1940年3月25日,经过在苏联的治疗后,她随同周恩来再次回到了延安。

由于都是中国共产党的早期党员,在党内不同的工作岗位也都从事着重要的工作,特别是周恩来经常为了谈判等事宜,要在延安与武汉、重庆等地之间往来。面对这样频繁的分离,邓颖超也曾坦率地说过:"每次分别后,不知何日相会。无论是同志间、夫妇间,每次的生离实意味着死别啊!"[①]

而化解他们之间思念和挂念的,就是两人间的鸿雁往来了。

1944年11月10日,周恩来就国共会谈事宜离开延安,与美国特使赫尔利同机飞往重庆。在延安的邓颖超给周恩来写了一封信,直到今天,信中所表达的热烈而真挚的情愫,还令人感慨万分:

---

① 方铭等:《革命伴侣 模范夫妻——周恩来与邓颖超》,金瑞英主编:《邓颖超 一代伟大的女性》,太原:山西人民出版社,1989年,第98页。

来：

你走了三天了。我可想你得太。

这回分别不比往回，并非惜别深深，而是思恋殷殷！这回我们是在愈益热爱中分别的，何况在我还有歉意缭绕心头呢！我真想你得太！

你走了，似乎把我的心情和精神亦带走了，我人在延安，心则向往着重庆，有时感觉在分享你与两岩①内外故人相聚之欢呢！

…………

你走了，渝办②寄来各件，已处理，你可勿念。

你到渝后，所见所闻，欢乐趣讯，望你尽可能地告我一些，以使我亦得分享其乐。愿望渝机来时，得在你读我信之先，先得你给我的信，想你不致令我失望吧？

你到渝后不久，正届妈妈③的四周年忌——十一月十八日。你如有暇便，望一扫二老④之墓，代我献上一些鲜花，聊寄我的哀思啊。你事忙，不一定限于是日。

你到渝后，如果有信给朋友，你如愿如约给我转的话，我真心愿意做一个和平贤淑的使者——现代的"红娘"⑤，你以为如何？

深深地吻你！轻轻吻你！

你的超

一九四四·十一·十二 延安⑥

---

① 当时中共中央南方局办公地点在重庆郊外的红岩村，曾家岩50号则是周恩来在重庆市区内的办公地点，故称"两岩"。

② 渝办，即八路军驻重庆办事处。

③ 妈妈，即邓颖超的母亲杨振德。

④ 二老，指周恩来的父亲和邓颖超的母亲，周恩来的父亲周懋臣1942年7月病逝于重庆。

⑤ 红娘，元杂剧《西厢记》中女主人公崔莺莺的婢女。她大胆冲破封建礼教约束，为崔莺莺和书生张生传书带话，积极促成二人结合。后来人们便把为两个有情人穿针引线、传话搭桥的人喻为红娘。

⑥ 中共中央文献研究室、中央档案馆、《党的文献》杂志社：《红书简》，太原：山西人民出版社，2001年，第892页。

邓颖超与周恩来1925年结婚后，因为斗争形势险恶，为不耽误革命工作，邓颖超主动打掉了肚子里的孩子。1927年4月，在第二个孩子出生时，又因为难产，孩子不幸夭折。恰在这个时候，蒋介石彻底背叛革命，在上海发动了"四一二"反革命政变，大肆搜捕、枪杀共产党人和革命群众。为了躲避国民党的搜捕，邓颖超不得不放弃住院调养，辗转由广州经香港转移到上海，颠簸劳顿中使身体受到了很大的伤害，以致终身不能生育。这对恩爱的周恩来和邓颖超来说，无疑是非常大的遗憾。从此以后，周恩来和邓颖超在把更多精力投入革命工作的同时，也把心中的爱投到照顾烈士遗孤和战友们的孩子上。

据方铭等人记述：

> 参加南昌起义的二十五师党代表李硕勋是在1931年被捕遇难的，烈士的夫人赵君陶（赵世炎的胞妹）那时也带着孩子李鹏关在牢中。直到1939年，周恩来、邓颖超得知李鹏住在成都的亲戚家中后，才得以把他接到重庆，后又送到延安学习。从那以后，周恩来、邓颖超就像对自己的孩子一样，关心着他的学习、思想与生活。1945年11月，李鹏被分配到前方工作，那时他已入党。当他去向"周伯伯、邓妈妈"告别时，周恩来对他说：光组织上入党还不行，要思想上入党，才能像先烈那样为共产主义事业奋斗终身。邓颖超也勉励他要和群众打成一片，不要有干部子弟的优越感，还送他一床延安出的毛毯，而他们自己床上摆的仍是两条洗得发白的普通战士用的旧棉被。①

1946年4月8日，叶挺将军和夫人李秀文等人，在由重庆乘飞机返回延安途中，因天气原因飞机失事，不幸牺牲。叶挺将军的儿子叶正大回忆起此后周恩来和邓颖超对于他们兄弟的关心教育和培养时，充满了无限的深情：

---

① 方铭等：《革命伴侣 模范夫妻——周恩来与邓颖超》，金瑞英主编：《邓颖超 一代伟大的女性》，太原：山西人民出版社，1989年，第104页。

爸爸妈妈牺牲后,我们受到了党组织无微不至的关怀,党组织培养我们上了大学,加入了伟大的党。

尤其是周伯伯和邓妈妈,把党的温暖输入了我们的心田,真的比亲生父母还亲。周伯伯和邓妈妈经常关怀我们的生活,给我们讲解延安精神,教育我们要继承先烈的遗志。周伯伯给正大题词"努力学习,艰苦奋斗",给正明题词"闻鸡起舞,做革命将军的好儿子",还给正明讲"闻鸡起舞"的典故。①

曾作为华侨记者的黄薇回忆起在重庆工作时,与邓颖超交往中印象深刻的一件事:

> 有一次,邓大姐带我到她屋里。这是她和恩来同志的办公室兼卧室,房间不大,除了几件必需的家具之外,没有任何摆设。邓大姐拿出几本相册给我看,里面几乎全是小孩子的相片。有年幼的娃娃,也有五六岁至十多岁的孩子。个个健康活泼,十分可爱。邓大姐说:"这些孩子多数是革命烈士的后代,有的在延安,有的在苏联,有

周恩来:《我的修养要则》
(1943年3月18日)

---

① 叶正大等:《和爸妈在一起生活的日子》,人民出版社编:《回忆叶挺》,北京:人民出版社,1981年,第179、180页。

的在重庆。他们是党的孩子，受到党的培养和教育，也受到全党同志的关怀和爱护。"恩来同志和邓大姐以父母般的慈爱之心爱护这些革命后代，关心他们的成长。这件事给我留下很深的印象。①

1943年3月18日，是周恩来45周岁生日（按农历计算）。这天，为配合整风教育，他在重庆中共南方局机关给同志们的报告中，向大家讲述了自己的家庭及自己参加革命以来的经历，并联系自己的思想实际和参加革命工作的实际，做了深刻的自我反省。晚上，办事处的同志们为了庆贺周恩来同志的生日，专门为他办了茶点祝寿，周恩来却坚辞并拒绝出席，结果只好在"寿星"缺席的情况下，由两位同志分别致祝词，大家把点心分而尝之。②这天，周恩来还郑重地写下了《我的修养要则》，作为一位革命者的自勉：

一、加紧学习，抓住中心，宁精勿杂，宁专勿多。

二、努力工作，要有计划，有重点，有条理。

三、习作合一，要注意时间、空间和条件，使之配合适当，要注意检讨和整理，要有发现和创造。

四、要与自己的他人的一切不正确的思想意识作原则上坚决的斗争。

五、适当的发扬自己的长处，具体的纠正自己的短处。

六、永远不与群众隔离，向群众学习，并帮助他们。过集体生活，注意调研，遵守纪律。

七、健全自己身体，保持合理的规律生活，这是自我修养的物质基础。③

---

① 黄薇：《她给了我第二次生命》，《忆邓大姐》编辑组编：《忆邓大姐》，北京：中央文献出版社，1994年，第106页。
② 八路军西安办事处纪念馆：《永远的丰碑——全国八路军办事处抗战纪事》，西安：三秦出版社，2015年，第283页。
③ 中央档案馆：《中国共产党八十年珍贵档案》，北京：中国档案出版社，2001年，第605页。

> "要记住,你是党用几百块大洋换回来的,是人民用血汗赎回来的,等你长大了,也要为千千万万的受苦人办事。"

——刘少奇

1938年4月,已经11岁的刘爱琴来到延安,第一次见到自己的父亲——时任中共中央北方局书记的刘少奇。一个月前的1938年3月,刘少奇刚刚从华北前线来到延安,协助中央指导华北的工作。

刘爱琴是刘少奇与妻子何宝珍的女儿。何宝珍从学生时代就积极参加反帝爱国运动,1923年加入中国共产党,1933年不幸被捕,1934年英勇牺牲。1945年3月22日,刘少奇在为何宝珍撰就的烈士传中写道:"何宝珍,女,湖南道县人,湖南衡州第三女子师范学校学生,一九二二年加入社会主义青年团,后转入党。因反对学校当局的学潮被开除学籍。一九二三年到安源路矿工会所办之工人子弟学校教书,是年与我结婚。和我一道参加过长沙、上海、广州、武汉、天津、满洲等地党的、工会的、妇女群众的许多工作。生二子一女。于一九三三年在上海被国民党宪兵逮捕入狱,被判徒刑十五年,由南京第一监狱执行。因她与狱外党的组织发生关系被发现,第二年判决在南京被枪毙。"[①]

何宝珍壮烈牺牲后,她和刘少奇所生的大儿子刘允斌被寄养在湖南老家,二儿子刘允若一度下落不明。女儿刘爱琴1927年出生于武汉,乳名爱儿。汪精卫发动"七一五"反革命政变后,刘少奇、何宝珍将女儿刘爱琴寄养在一位

---

① 中共中央文献研究室:《刘少奇年谱(1898—1969)》(上卷),北京:中央文献出版社,1996年,第462页。

刘少奇与女儿刘爱琴

工人家。该工人后因危困交加，被迫将刘爱琴转卖给一户人家做童养媳。何宝珍牺牲后的第四年，在党组织积极协助下，工作人员终于在武汉找到了正在做童养媳的刘爱琴，并把她送到延安刘少奇身边。①

刘爱琴后来详细描述了离别十年后，在延安与父亲见面时的情景：

> 下了汽车，一位叔叔把我们带到了城里的招待所。同我一起来的小朋友都陆续被接走了，最后只剩下了我自己，我又开始不安起来。后来一位叔叔告诉我，父亲正在从北方局回延安的途中，很快就会回来，让我安心等待。
>
> 一天，我正准备吃晚饭，只听有人喊："刘爱琴，有人接你来了。"我放下饭碗，跟着一位叔叔来到了一排窑洞前，门外的土平台上拴着两匹马。
>
> 叔叔告诉我，你爸爸就在屋里开会，一会儿就能见到他了。
>
> 我站在土平台边上，怀着急切不安的心情等待着。只是窑洞里不时有人出出进进，我却

---

① 1938年"国共合作"后，周恩来等几经周折才找到了正处于饥寒困苦中的刘爱琴，并安排刘少奇的哥哥刘云庭先将刘爱琴和一直生活在老家的刘允斌送到延安。次年，刘少奇赴华中敌后，小兄妹俩被送往苏联国际儿童院。兄妹二人在那里经历了苏联"卫国战争"血与火的艰辛岁月。1949年，刘少奇访苏，归国时将中学毕业的刘爱琴带回北京。见王光美等：《你所不知道的刘少奇》，郑州：河南人民出版社，2000年，第125页。

不知道有没有我爸爸。于是,每出来一个人,我都仔细观察着。

不一会儿,从窑洞里走出一个人,身上穿着洗得十分干净的灰军装,头戴灰军帽,胳膊上佩有和其他人一样的袖章,脚穿草鞋,打着绑腿。他,四十来岁的模样,高高的个子,面部清瘦,两眼炯炯有神。我下意识地感觉到,这就是我的爸爸。还没等我问身边的叔叔,只见他大步来到我的面前,拉住我的手,上下打量着,亲切地说:"爱儿,你来啦。"我站在那儿,一时不知说什么好,事先想好的话,都不知哪儿去了。带我来的叔叔捅了捅我,低声说:"快叫爸爸。"我仰起头,望着爸爸,嘴张了张,却叫不出口,忙低下头。爸爸笑了笑,拍拍我的肩膀,领着我进了窑洞。坐下后,爸爸把我搂在怀里。我感到这样很别扭,身子一个劲儿往外趔。父亲又笑了笑,再次上下打量我,自言自语地说:"太瘦了,太瘦了。"这时爸爸身边的一位年轻叔叔问:"几岁了?"我心情紧张,停了一会儿才开口说:"不知道。"周围的人"哄"地笑了起来。爸爸也笑了,说:"这么大了,还不知道自己的岁数。"看到大家都在笑我,我多年所受的委屈一下子涌上心头,"哇"的一声,扑到父亲的怀里哭了起来。人们不再笑了,整个窑洞的气氛霎时改变了。父亲收敛了笑容,深情地说:"你吃苦了,爸爸知道。"他稍停了停,又说:"这回就好了,你回到家里来了,以后把身体好好检查检查。"父亲停了话语,沉默了一会儿,接着说:"像你这样受苦的人还有很多,我们就是要解放那些和你一样的受苦人。要记住,你是党用几百块大洋换回来的,是人民用血汗赎回来的,等你长大了,也要为千千万万的受苦人办事。"爸爸的话,深深地打动了我,抚平了我那颗饱受摧残、又因远离父母而感到孤寂的心。我开始感觉到,虽然这10年父亲没和我生活在一起,但他深深地知道女儿的一切。我抬起头,同样深情地望着爸爸,真切地感到,我们相隔的时间再漫长,空间再遥远,在感情上,我们父女仍然是亲密无间,心心相通的。①

---

① 刘爱琴:《我的父亲刘少奇》,沈阳:辽宁人民出版社,1998年,第12、13、14页。

刘少奇和哥哥刘云庭（左二）、儿子刘允斌（左一）、女儿刘爱琴（右二）在延安

刘少奇也利用一切可能的机会，教育女儿刘爱琴。特别是刘爱琴来到延安后，刘少奇与女儿认真地谈了一次话，作为她开始延安新生活的第一堂启蒙课。

一天晚饭后，刘少奇坐在办公桌前，认真地对坐在炕沿上的女儿说道："你知道我们为什么要到延安来，住在山沟里吗？因为要抗日。日本鬼子侵占我们的土地，杀害我们的人民。我们住在这里，是为了消灭日本鬼子。就是要把日本鬼子赶出中国去。"

说到这里，刘少奇提高了声调："领导抗日队伍的是共产党、毛主席！"

他喝了一口水，接着说："在日本鬼子来之前，我们是反对蒋介石的，因为他不让我们革命嘛！你知道什么是革命吗？革命就是要让像你奶奶那样的工人、农民和大多数的受苦人，像延安人民这样自由，将来都过上好日子。"

刘少奇稍停一下，接着对女儿刘爱琴说："要革命，就会有牺牲，你的母亲就是为革命牺牲的。是蒋介石、国民党反动派把她杀害了。"

刘少奇接着对女儿说："你还有一个哥哥，一个弟弟。哥哥在湖南老家，很快也要到延安来，弟弟还没有找到。当时把你们送出去，也是没有办法，这也算你们为革命付出的代价。"

面对已经长大并且懂事了的女儿，同时为了打消女儿对过去生活，特别是为什么要把他们兄妹几个送给别人抚养的疑问，刘少奇还详细地讲了当时的白色恐怖下，为了革命工作，同时也是为了保护孩子们免受反动派的搜捕，把他们送给别人家寄养的情形与经过。①

自从中国共产党举起了抗战救国的大旗，倡导并建立全民族的抗日民族统一战线，全国各地的有志青年、爱国人士纷纷投奔延安：有的加入八路军奔赴抗战最前线，有的则在中国人民抗日军政大学、陕北公学、延安鲁艺等学校求学，学习抗战本领，有的则从事大后方的各项建设活动。而大量非生产人员的到来，也给延安和陕甘宁边区的生活保障工作带来了挑战。如何做到既不过于增加老百姓的负担，又能够解决好吃饭、生活事宜，自然就成了需要面对的紧迫问题。

为此，中共中央号召延安党政军学各个单位开展普遍的生产运动，依靠自己的力量改善生活，减轻群众的负担。毛泽东、朱德等中共领袖不仅积极倡导开展生产运动，还以身作则，带头开荒生产。刘少奇在延安也开辟了一片菜园，作为自己的生产用地。

刘爱琴曾回忆起父亲在开垦的菜园里对她谆谆教导的情景：

> 父亲带我下了山，沿着河走了一会儿，又把我领到一片园子边，指着园子里那油绿苗壮、枝繁叶茂的秧棵问："这是什么，知道吗？"我在南方从来没有见过这种东西，便摇了摇头。父亲说："这是西红柿。我自己种的。"说着就走进园子里给西红柿掰杈子，一边掰，一边给我讲，杈子长多了，就长不好，就不结果了。②

---

① 刘爱琴：《我的父亲刘少奇》，沈阳：辽宁人民出版社，1998年，第16、17页。
② 刘爱琴：《我的父亲刘少奇》，沈阳：辽宁人民出版社，1998年，第19、20页

吃早饭的时间到了。父亲又带我循原路回到了窑洞。早饭是黄澄澄的小米粥和馒头、咸菜。父亲端过一碗小米粥给我,并问:"你喝过吗?"我说:"没有。"父亲说:"小米很好哇,营养多,又好吃,八路军就靠吃小米啊。"我吃惯了南方的粗大米,接过父亲手中的碗,下意识地端到鼻子边闻了闻,喝了两口,觉得挺好吃,就上老咸菜吃起来,越吃越香甜。

父亲看到我吃饭的那个样子,他很高兴。他又说:"我们八路军、新四军就是靠吃小米来打仗的,革命就是靠的小米加步枪。"

吃过饭,父亲说:"你没事,就玩吧。"说完就骑上马走了,我想大概是去开会了吧。

短短的一天,父亲给我讲了许多以前从没有听到过的道理。父亲非常理解我,他知道我年龄小,一出世就不在他们身边,刚到延安解放区,人地生疏,所以他同我讲话用语简练,通俗易懂,循循善诱。他讲话时,我感到他心情很不平静,似乎内心中有对我的愧疚,更重要的是对我的关怀和期望,也体会到父亲对女儿的抚爱。听了父亲讲的话,我的眼前豁然明亮了,宽广了。从这次谈话起,在我小小的心灵中,种下了一颗革命的种子,我的革命人生观从这时才开始萌发和逐步开始形成。我的命运开始紧紧地同革命、同延安联系在一起了。①

刘爱琴深情而又感慨地说:

自从1938年到延安在爸爸身边呆了一年多后,我似乎懂得了许多,一下子由一个愚昧无知,饱受摧残,甚至想以死来结束自己生命的弱女孩,到在爸爸的诱导教育下,在老一辈的革命精神鼓舞下,懂得了应怎样做人,做一个什么样的人的深刻道理,知道了要努力学习,长大了为穷苦人办事。就

---

① 刘爱琴:《我的父亲刘少奇》,沈阳:辽宁人民出版社,1998年,第20、21页。

是死,也要像妈妈何宝珍那样,为革命、为广大劳苦大众而英勇牺牲。

只是在爸爸身边的日子过得太快了。仅仅一年多,我就又离开了爸爸。说实话,我那时的心情是矛盾的,而更多的是眷恋我那慈祥、严厉、可亲的爸爸。①

刘少奇在延安(1939年)

刘爱琴来到延安几个月后,当年夏天,大哥刘允斌也由老家被接到了延安。刘少奇看着两个天真活泼的孩子,想起了他们的母亲何宝珍。他把两个孩子叫到跟前教导他们:"一定要记住你们的母亲,学习你们母亲的精神!"②

1939年秋,组织上把刘爱琴、刘允斌和其他几个孩子送到苏联学习。在苏联期间,刘爱琴还经历了苏联卫国战争血与火的艰辛岁月。但她一直牢记爸爸对她说的两句话:"你是党用几百块大洋换回来的,是人民用血汗赎回来的,等你长大了,也要为千千万万的受苦人办事。""你们到了那儿,最大的任务就是要好好学习,掌握更多的知识,学到更多的本领。"

刘爱琴在缅怀父亲的《我的父亲刘少奇》一书中写道:爸爸这两句话,就像是用刻刀刻在我这颗

---

① 刘爱琴:《我的父亲刘少奇》,沈阳:辽宁人民出版社,1998年,第336、337页。
② 魏晓东、邢华:《生活中的刘少奇》,北京:解放军出版社,1999年,第51页。

幼小的心灵上一样,我就是按照爸爸的要求,尽自己的努力去做的。①

几十年后,刘爱琴还充满眷恋地表示:爸爸的这句话,当年我听起来亲切易懂,今天回想起来仍掷地有声。几十年来,我一直把这句话铭记在心里,作为激励、鞭策自己的动力。②

---

① 刘爱琴:《我的父亲刘少奇》,沈阳:辽宁人民出版社,1998年,第337页。
② 刘爱琴:《我的父亲刘少奇》,沈阳:辽宁人民出版社,1998年,第14页。

> "那些望升官发财之人决不宜来我处,如欲爱国牺牲一切能吃劳苦之人无妨多来。"

——朱德

1937年1月,中共中央机关进驻延安。当时担任红军总司令的朱德,随中央机关率红军总部从陕北的保安转移到延安古城。延安人民对中共中央和中央红军的到来,给予了热烈的欢迎。

朱德的妻子康克清作为经历过长征的红军女战士,在红军第四方面军党校工作,她也随朱德来到了延安。康克清曾这样描述当年初到延安的情景:

> 延安在陕北是个大县,县城也不过几千人口。大约是受战争影响,市面上虽有几十家店铺在营业,但除红军外,见到的市民不多;临街大多是瓦房,杂有一部分草房,黄土崖下全是窑洞;街道坑洼不平。敌人的反共标语已被覆盖,到处是红红绿绿欢迎党中央的标语。人们含笑相见,是红军给延安带来了新生。
>
> 我们住到延安城北面凤凰山下的凤凰村。凤凰山气势挺拔,在延安城的西南方,从顶峰向南北伸出两条高大山梁,好像一只巨大的金凤凰展开双翅,这就是它的名字由来。延安城从北门到南门,都顺着曲折连绵的凤凰山麓修建。凤凰村就在金凤凰向北伸出的翅膀尖上。这里自然条件比保安好,特别是用水方便,不像在保安,连洗脸水都要省着用,所以一住下来,每人都用热水洗了个痛快的澡。①

---

① 康克清:《康克清回忆录》,北京:解放军出版社,1993年,第213页。

朱德与康克清在延安（1942年）

"七七事变"爆发后，为奋起抵抗日本侵略者对我国发动的全面进攻，遵照中共中央和中央军委的统一部署，朱德于1937年9月从延安奔赴晋西北抗战前线，直接指挥前方八路军的对日抗战。不久，在中国人民抗日军政大学（简称"抗大"）学习的康克清也离开延安，来到位于山西五台山的八路军总部直属政治部担任组织干事。

1937年12月，美国海军军官，同时也是美国总统罗斯福特使的卡尔逊上校，为实地考察和了解中国共产党及其所领导下的八路军的抗战情况，来到了晋西北抗战前线。他在八路军总部，见到了总司令朱德。卡尔逊在后来的描述中再现了他在八路军总部的见闻。他用自己的笔触，生动地记录了朱德与康克清在戎马倥偬的抗战前线，难得的甜蜜生活细节：

朱德看上去很疲劳，但依然热诚地欢迎我。他说，山西的形势是严峻的。日本人已派遣了五个师，一个师来自河北南部边界，一定是要夺取临汾。他明天要向东转移去指挥作战。除了他自己的军队，还有七个山西和国民党的师也归他指挥。我看，这似乎标志着承认他的能力。

我们一直谈到半夜时分,他的妻子康克清坐在一边做记录。她是一位经过长征的农民妇女,已成为一个训练有素的政治组织者。宽润的面孔和略胖的身材,她是她杰出丈夫的能干的配偶。她脸上浮着总不失光彩的有感染力的微笑,她从不干预军队的事务,把精力都献给了组织农村妇女的工作,还为她的丈夫缝补袜子。①

1940年,根据中央的要求,朱德返回延安,参与中央的全盘工作。康克清也随同一起回到延安。

自1929年3月康克清与朱德在江西井冈山革命根据地结婚后,因为怕生孩子影响工作,他们便商定不要孩子。1937年,康克清在回答正在延安采访的美国记者斯诺的夫人海伦·斯诺的提问时坦承:"我喜欢孩子,也很想有个孩子。但怕有了孩子影响事业。"她并且直率地对海伦·斯诺说:"我不想生孩子,我要保持健康的军人体格。"②

康克清虽然与朱德没有自己的亲生孩子,但她和朱德却非常喜爱孩子们。对此,康克清毫不掩饰地回忆起她见到朱德与前妻的孩子朱敏时的兴奋之情:

我自己没有生育孩子,却十分喜爱孩子。看见孩子,心里就产生一种甜甜的滋味。总想把他们抱一抱,亲一亲。有人称他们是"祖国的花朵",一点也不错,他们象征着我们的希望和未来。再多再大的烦恼,到孩子面前也会忘得一干二净。一九四〇年十月,重庆八路军办事处从成都找到朱老总的女儿朱敏还有她的姨表妹贺高捷,一起送来延安杨家岭。她那时已经十四岁,表妹十三岁。一见她们,我像见到自己的孩子一样高兴。

---

① [美]埃文斯·福代斯·卡尔逊著,祁国明、汪杉译,汪溪校:《中国的双星》,北京:新华出版社,1987年,第108、109页。

② 康克清:《康克清回忆录》,北京:解放军出版社,1993年,第216页。

朱德与孩子们在王家坪（左起：朱丽、钟晓杨、朱德、边宁宁、王裕群、吴峰风）①

朱敏那时身体不好，得了淋巴结核病。延安的医疗条件差，为了治病，为了能得到较好的学习机会，在延安住了一个多月，就把她和贺子珍的女儿娇娇、王一飞②的儿子王继飞一起送往苏联。

第二次世界大战期间，朱敏在德国法西斯占领区吃了不少苦头。当时我想发电报问问情况，但朱老总不同意，说："人家国家的安危是大事，我们女儿的安危是小事。"他言之有理，也就打消了我的念头。③

在延安期间，朱德对孩子们要求十分严格。他的儿子朱琦、女儿朱敏，小时候都没有在他身边生活。来到延安后，朱德并没有溺爱他们，更没有对他们搞特殊化。朱琦1938年来到延安后，先是在抗大学习，毕业后，朱德便要他到基层部队去当普通士兵。

---

① 据金星采访记录，该照片大约于1944年夏季由当时延安总政治部宣传部田野拍摄，地点在王家坪。照片中的朱丽、钟晓杨、边宁宁、王裕群、吴峰风等孩子的父亲当时都在军委机关工作。除了王裕群，他们都住在王家坪。王裕群在接受金星采访时讲述道："我家住在王家坪的对面，中间隔着延河，父亲带我去过王家坪，朱老总的院子里长着大片沙果树，可以在果园里跑着玩。那一次，也不知道我是怎么过了河到了王家坪，但是我记得在朱老总家里吃了大米饭。因为没有吃过，所以觉得特别好吃，吃完一碗不够，还想吃，坐在对面的朱总司令笑眯眯地亲自给我添了饭。吃完饭还照了一张相。"见金星：《亲历延安岁月——延安中央医院的往事》，北京：中国人民大学出版社，2015年，第200、201页。

② 王一飞（1898—1928），浙江上虞县人，1922年加入中国共产党，党的五大上当选为中共中央委员，后任中央军委秘书长、中共湖南省委书记。1928年1月被捕后不幸牺牲。

③ 康克清：《康克清回忆录》，北京：解放军出版社，1993年，第316、317页。

曾在王家坪中央军委做文书工作的陈秉忱谈到了这样一件事：

> 1942年，朱总司令的儿子朱琦同志从陕北绥德回到延安，朱总司令的参谋潘开文同志，见朱琦同志洗衣服没有肥皂，便向军委办公厅总务处领来了两块肥皂给他用。当我把这两块肥皂送给朱琦同志，正好被朱总司令在院外看见了。后来，他得知是潘参谋向公家领东西给朱琦同志用，便告诉潘参谋以后不能再向公家要东西给朱琦用。①

朱琦后来在一次战斗中负伤，右脚致残，只好转到抗大行政部门工作。1948年，正在河北石家庄指导工作的朱德再次见到了儿子朱琦，当时已经转业到铁路部门工作的朱琦已经结婚两年，这也是他结婚以后第一次见到自己的父亲。②

朱敏在回忆父亲对哥哥的教诲时，这样写道：

> 1948年，当我的哥哥朱琦转业到铁道部门工作时，父亲就嘱咐他："你对部队工作比较熟悉，到地方就不同了。你应该到基层去锻炼，从头学起，踏踏实实地干下去才能学会管理工作的经验。"遵照父亲的教导，哥哥分配到了石家庄铁路局后，先当练习生，后来又当司炉、司机。有一次，父亲坐的专列，正好是哥哥当司机，父亲便在车厢中接见了他。当父亲见哥哥身着工作服，满身油污，便十分高兴地紧握他的手说："好！好！你学会了开火车，学到了本领，就能更好地为人民服务。"③

---

① 陈秉忱：《朱德同志在延安王家坪》，中共中央文献研究室编：《回忆朱德》，北京：中央文献出版社，1992年，第251页。
② 中共中央文献研究室：《朱德传》，北京：中央文献出版社，2016年，第780页。
③ 朱敏：《永记父亲的教诲》，中共中央文献研究室编：《回忆朱德》，北京：中央文献出版社，1992年，第434页。

1943年，朱敏在苏联学习并准备参加反法西斯战争的服务工作。她后来回忆道："那时，父亲就很关心我的学习和工作，希望我能学好本领回国参加建设。他在领导中国人民的抗日战争的百忙中，给我写了一封信，教诲我：'你在战争中，应当一面服务，一面读书，脑力同体力都要同时并练为好。中日战争要比苏德战争迟些结束，望你好好学习，将来回来做些建国事业为是。'"①

1939年9月，朱德在致家乡亲人的信中，嘱咐家乡后代要"设法培养他们上革命战线，绝不要误此光阴。至于那些望升官发财之人决不宜来我处，如欲爱国牺牲一切能吃劳苦之人无妨多来。我们的军队是一律平等待遇，我与战士同甘苦已十几年，快愉非常。"②

在朱德身边担任秘书工作的左漠野回忆：

朱总司令对亲属和子女的要求一向是很严格的。有一次我在处理外来函电中，见到总司令的侄子和外甥从四川寄来的一封信，信里说他们已经约好了一些愿意参加抗日的青年朋友，准备到前方来，不知前方有些什么工作可做，向伯伯请示。我看了以后，就把原信带着，向总司令汇报了。总司令说，青年人想到前方来参加抗日是好的，只要能够吃苦耐劳，抗日报国，不怕牺牲，到前方来是有事情可做的，多来些人更好，比如前方现在就需要担架队。如果以为我是大官，他们来了可以弄个一官半职，那就错了。我们这里官兵待遇一律平等，同甘共苦。你告诉他们，凡是希望升官发财的人，千万不要到前方来。总司令还说：曾国藩是一个反动人物，但他在家书中告诫子弟的某些话语，还是有道理的。我没有读过曾国藩的家书，不过，我觉得"不以人废言"的观点，是符合辩证法的。这件事，

---

① 朱敏：《永记父亲的教诲》，中共中央文献研究室编：《回忆朱德》，北京：中央文献出版社，1992年，第434页。

② 中共中央文献研究室：《朱德年谱（新编本）》（中卷），北京：中央文献出版社，2016年，第678页。

使我深深感受到了总司令的清廉正气,对亲属子弟严格要求的高尚品德。①

1944年3月,朱德在延安获悉自己的母亲一个月前在老家去世了,对母亲充满深厚感情的朱德非常悲恸。康克清回忆道:

一九四四年三月,朱老总得到消息,他的生母在二月十五日病逝了。他给我看了家乡的来信,好半天没有说一句话。我知道他的心情十分沉痛,想安慰他几句,分担他的痛苦。但再一想那些话还用我来说吗?我只用眼光默默地注视着他,彼此的眼神说出了我们心里要说的话。

过了许久,他轻轻地对我说:他的母亲生下十三个儿女,只留下八个,其他的因为没法养活,生下来就溺死了。因为大人要忙家务活,小时候让他们自己在地里爬。他们吃的是菜饭、红薯饭、杂粮饭,穿的是自家手工织的像铜钱一样厚的粗布。他家是个大家庭,母亲妯娌几个轮流煮饭。因为地方逼着退佃,一九〇四年,一家分作两处,全家借钱供他一个人读书。后来他当上了旅长,才把借的钱还清。他的母亲一生劳动,老年还经常纺线,去世前一分钟还在做饭。她老人家是在锅台边倒下去的。

他说,母亲不仅养育了他强健的身体,还教给他最宝贵的东西——坚强地与困难作斗争的精神。三十多年的革命军事斗争生活,他从未被困难吓倒过。还有就是勤劳刻苦的习惯和劳动的知识技能,在任何艰苦的环境中从不感到劳累。

母亲生前想见他一面,一直未能做到。他认为母亲是会理解他的。这位好母亲,是我的婆婆,也是我的母亲,可惜我没有能够见她老人家一面。我不禁想起了自己的生母和养母,她们不也是我的好母亲吗?

---

① 左漠野:《致敬 缅怀》,中共中央文献研究室编:《回忆朱德》,北京:中央文献出版社,1992年,第266页。

世上有多少这样伟大而又平凡的好母亲啊!正是她们养育了我们这一代,也同我们一样在创造历史中尽了一份力量。

老总对我说:

"这一生中如果说我有什么遗憾的话,最大的遗憾大概就是母亲去世的时候,我未能在她老人家身边。"

这以后有一个月他没有刮胡子,胡子长得老长。我明白,这是为了悼念他慈爱的母亲。①

后来,朱德饱含深情地撰写了悼念母亲的文章《母亲的回忆》,其中写道:

母亲是一个"平凡"的人,她只是千百万劳动人民中的一员。但是,正是这千百万人创造了和创造着中国的历史。我用什么方法来报答母亲的深恩呢?我将继续尽忠于我们的民族和人民,尽忠于我们的民族和人民的希望——中国共产党,使和母亲同样生活着的人能够快乐地生活。这是我能做到的,一定能做到的。②

1944年4月5日延安《解放日报》第1版刊登朱德撰写的《母亲的回忆》

---

① 康克清:《康克清回忆录》,北京:解放军出版社,1993年,第317、318页。
② 朱德:《母亲的回忆》,《解放日报》1944年4月5日,第1版。

中共中央进驻延安不久,为应对严重的经济困难,减轻老百姓的负担,朱德作为中共中央和中央军委的领导人,不仅参与领导了以延安为中心的陕甘宁边区的大生产运动,而且以身作则,率先垂范,带头完成生产任务,主动开垦菜园,解决生活困难。

1941年到1945年在延安王家坪中央军委总参谋部工作的雷英夫曾与朱德住在一个院子,他回忆道:

> 朱总司令身体力行,在王家坪和他的警卫员、炊事员等组织了一个生产小组,亲自动手种了三亩多菜,其中包括西红柿、白菜、萝卜、南瓜、黄瓜、菠菜、莴苣、豆角、辣椒等。每天早晨起来和晚饭后,我们便看到年近花甲的总司令和他的生产小组就出现在菜园里,浇水、翻土、施肥、移苗、绑架。他们这个生产小组种的菜都长得很好,自己吃不完,就送给食堂让大家改善生活。有一次,延安总部在王家坪桃林招待美军观察组,并以朱总和总部机关生产的西红柿、瓜果招待客人。当观察组的客人一看到朱总司令的菜园和吃到朱总司令种的西红柿、黄瓜时,赞不绝口。①

根据边区政府的有关规定,朱德每年要生产三石细粮交公家。当时被评为边区劳动英雄的延安县农民杨步浩听说后,表示愿为朱总司令代耕一石,使他有更多时间处理军队大事。1944年7月23日,杨步浩给朱德送来为他代耕的一石新麦。朱德热情地留杨步浩吃饭,详细询问他的家庭情况,并陪他参观自己经营的菜园。第二天,杨步浩回去时,朱德还送给他一袋自己种的西红柿。②

朱德同志良好的家风,也深深感染了他身边的工作人员。当时在中央军委

---

① 雷英夫:《雄怀胜似海洋宽》,中共中央文献研究室编:《回忆朱德》,北京:中央文献出版社,1992年,第259页。
② 中共中央文献研究室编:《朱德年谱(新编本)》(中卷),北京:中央文献出版社,2016年,第1169页。

在华北战场上的朱德

总参谋部工作的伍修权描述了与朱德一起工作生活的情景：

抗日战争时期，我在中央军委总参谋部作战局工作，与朱德总司令同住在延安的王家坪。当时，他已年过半百，而我们只不过是三十上下的年轻人，有的还没有成家。朱老总经常把我们叫到他家里去，做点好吃的犒劳犒劳大家。那时所谓好吃的，也不过是他用四川家乡的方法腌制的臭咸鸭蛋，有时有一两盘四川味蔬菜。每当休息时，朱老总不是和我们一起打篮球，就是找我们或参谋、警卫员们一起打扑克牌。一玩儿起来，就分不清谁是总司令，谁是小战士了。他照样同打扑克的对家打暗号出牌。他每赢一盘，都和小青年们一样乐得开怀大笑；要是偶尔输了，就非得翻过本来才罢休。所以，在游戏时，他也是个非赢不可的"常胜将军"。从这些生活小事中，也可以看出朱德同志对同志、对群众是多么真诚与热爱！这是他的崇高品德的一个重要侧面。①

---

① 伍修权：《伟大的精神 崇高的品德》，中共中央文献研究室编：《回忆朱德》，北京：中央文献出版社，1992年，第66页。

1939年冬，朱德53岁生日的时候，康克清写了封热情洋溢的祝贺信。康克清后来回忆起这一场景时，充满感情地写道：

> 记得我给他写的贺信中有这样一段话："我和你相处十多年了。觉得你无时不以国家和革命为重。凡事不顾自己的利害。人们不能忍受的事你都能忍受，人们所不能干的事你去开辟。还有，你见书便读，学而不厌，总是前进着，提醒同志，督促同志，爱护同志……"这是我当时的认识，也是我现在的认识。几十年过去了，后来的生活实践更加深了我的这一认识。①

1946年11月，是朱德60岁生日。中共中央和陕甘宁边区政府为了表达对总司令的敬意，特地举办了生日活动。毛泽东专门题词："朱德同志六十大寿　人民的光荣"②。中共中央还发了生日祝词，祝词说：

> "人民庆祝你的60年生活，因为你是中国人民60年伟大奋斗的化身。""你对民族利益和人民利益的无限忠诚，你的不怕艰难危险，不求个人名利的牺牲精神，你的联系群众、信任群众、视民如伤、爱民如子的群众观点，正在鼓舞着全党全军为独立和平民主而奋斗到底。""你的60大寿是中国共产党的佳节，是中国人民解放军的佳节，是全解放区和全国人民的佳节。"③

---

① 康克清：《朱总风范永存我心》，中共中央文献研究室编：《回忆朱德》，北京：中央文献出版社，1992年，第71、72页。
② 《解放日报》1946年11月30日，第1版。
③ 《中共中央致送祝词　庆贺朱总司令六十大寿》，《解放日报》1946年11月27日，第1版。

> "吃了人民的小米不能辜负人民对你们的希望，将来一定要为人民做事。"

——任弼时

任弼时是我党的早期领导人之一。1926年4月，任弼时与陈琮英在上海结婚。陈琮英原来是长沙一家制袜厂的童工，后来投身革命并参加了举世瞩目的二万五千里长征，是一名长征女战士，延安时期在中共中央机关负责机要工作。

1937年"七七事变"爆发后，遵照中央军委的命令，担任八路军总政治部主任的任弼时与总部机关一起，率领八路军各部开赴晋西北抗战前线。当年年底，著名文艺家丁玲带领新组建的西北战地服务团从延安赴前线慰问宣传。在山西前线的八路军总部，她所观察到并于此后在延安亲历的任弼时与陈琮英之间和睦而深厚的感情，令丁玲印象深刻：

> 那时津贴很少，一个月他们每人5元钱……我跟着弼时走一路，没见过他的警卫员给他买鸡吃。他自己是不大花钱的。我陪史沫特莱回延安时，他还交给我5元钱，让我带给陈琮英同志。他对陈琮英特别好，陈琮英对他也很体贴。我曾听说，弼时同志被捕，她为了营救，冒着危险四处奔走。有一次，我和陈琮英一起住延安中央医院，弼时同志几乎每天中午都抽空来看她，很耐心地坐一会儿，轻言细语地谈一会儿才走。①

---

① 丁玲：《"党相信你"》，薛但丁、魏丹编：《任弼时》，成都：四川人民出版社，1992年，第129、130页。

延安时期，中共中央把延安作为领导中国革命的大本营和新民主主义的示范地，并与包括国民党在内的各党派团体建立起广泛的抗日民族统一战线，共御外敌。然而，国民党顽固派却不断挑起针对包括陕甘宁边区在内的革命根据地的摩擦事件，特别是皖南事变后，国民党顽固派不仅取消了对陕甘宁边区和八路军的所有拨款，而且通过严密的军事和经济封锁，断绝了以延安为中心的陕甘宁边区的外部援助。再加之连年出现的自然灾害，以延安为中心的陕甘宁边区出现了严重的经济困难。在中共中央和陕甘宁边区政府领导和组织下，边区军民普遍开展了轰轰烈烈的大生产运动，依靠自己的力量，自力更生，艰苦奋斗，基本实现了经济上的自给自足。

任弼时和陈琮英在延安

很多人都知道，延安大生产运动中，当时担任中央领导人的任弼时在一次由中央直属机关举办的纺线比赛中，被评为纺纱模范。这其中的功劳，还要有陈琮英一份。据曾在任弼时身边担任秘书的王发武回忆：

弼时同志纺线是使我们很佩服的。本来这是一种细活，由于他从没有纺过线，加之眼睛又很近视，所以在开始学纺线的时候，遇到了不少困难，但他很认真地对待这个工作。任弼时置了一架手摇的纺车，一有空便盘腿坐下来纺纱，一有机会就找陈琮英或其他会纺织的女同志求教。在陈琮英等同志的帮助下，他细心摸索纺线的技巧，开始纺得粗细不匀，慢慢就纺得很好了。在一次直属机关举行的纺线比赛中，他获得了优异成绩。①

任弼时、陈琮英和孩子们在一起

任弼时的女儿任远志介绍，当时延安的《解放日报》为此还做了报道，爸爸纺的纱还被送到延安的生产成果展览会上去了。当周恩来称赞爸爸的纺纱技术时，爸爸却谦虚地说："我有家庭教师嘛！"妈妈为此也很高兴。②

同样体现任弼时良好家风的，是他和妻子陈琮英对几个孩子的关心爱护和严格要求。

20世纪20年代，任弼时和陈琮英在结婚前后，就一直投身于白色恐怖下的党的工作，他们的第一个孩子因为艰

---

① 王发武：《任弼时同志在延安》，中共汨罗县委编：《怀念任弼时同志》，长沙：湖南人民出版社，1979年，第80页。

② 任远志：《我的父亲任弼时》，沈阳：辽宁人民出版社，1997年，第416页。

苦的斗争环境不幸夭折。1934年长征前夕,因为要长途行军,他们把刚出生的一个孩子托付给老乡抚养,后来竟一直没有了下落。

大女儿远志出生不到100天就同母亲陈琮英一起被敌人关进监狱,出狱后被送到湖南农村老家。后来由于任弼时和陈琮英工作繁忙,长征期间出生的二女儿远征也被送到了湖南老家,直到抗战胜利后的1946年7月,两姐妹才被从湖南老家辗转接到了延安。

两个女儿同时来到他们身边,任弼时和陈琮英无疑非常高兴。据任远志回忆,回到家里最初的日子,父亲只要一有时间,就拉着她和妹妹远征,询问这些年在家乡的生活。任远志感到她们成长中的每一件小事,似乎对父亲都非常重要,都要问个仔细。就连是否出过麻疹这些小事,他都问到。有一天,任弼时听远志讲着讲着,忽然盯着她的额头:"大女儿,额头的疤是怎么留下的?"一边怜惜地抚摸着远志的头,一言不发。①

父母对女儿的爱怜令孩子们感动,但让他们同样印象深刻的,是父母却并没有因为喜爱而放松对她们的要求,而是注意在学习、生活中严格要求。任弼时经常对孩子们说:"吃了人民的小米不能辜负人民对你们的希望,将来一定要为人民做事。"②与孩子们共同生活了约一个月,任弼时就把大女儿远志送到了延安中学,把二女儿远征送到延安保小去学习,而且都要住校,每周末才能回家一次。远志按规定吃大灶。妹妹远征年龄小一些,则按规定吃中灶。

任远志回忆道:有一次我生病了,好几天吃不下饭。学校把我生病的情况通知了爸爸妈妈,请他们接我回家。可是,几天过去,爸爸妈妈既没派人来接我,也没派人来看我。直到周末,父亲才按常规派一位叔叔接我回家。一见面,父亲见我人也瘦了一圈,不由心痛地说:"我还以为你不习惯陕北的生活,吃不了苦,所以你的老师通知我时,我没有去看你,也没有让叔叔去接你。希望

---

① 任远志:《我的父亲任弼时》,沈阳:辽宁人民出版社,1997年,第436、437页。
② 任远志等:《永远不能忘记我们最亲爱的爸爸》,中共中央文献研究室编:《回忆任弼时》,北京:中央文献出版社,2014年,第172页。

任弼时在延安

你在学校锻炼得更好些。原来你是真的病了啊!不怪爸爸吧?"说着,揽着我的肩用力搂了两下。

父亲真挚的话语和怜爱的动作让远志对父母的怨气一扫而光。这一次,父亲留她在家住了好几天。等身体恢复后,又马上让她回学校,并一再叮嘱:"要能吃苦,要好好锻炼自己,要努力学习,长大了才能为国家做事,为人民服务。"①

日常生活中,哪怕是很小的事,任弼时也决不允许孩子们搞特殊。当时延安实行供给制,有一次,任远征去库房领脸盆、牙膏、毛巾等日用品时,看到货架上有一摞红漆皮的小本子。当时她们使用的本子都是糊窗户所用的麻纸,乍一见到这么漂亮的小本子,不禁被深深地吸引住了。管理员知道她是任弼时的女儿,又活泼可爱,便自作主张地拿给她一本。没想到任弼时知道后,问清缘由,马上命令远征:"这种本子可不是给小孩子用的,快快还给管仓库的叔叔。不是学校按规定发的东西,什么也不许要!"远征刚拿到了自己喜欢的小本子,还没使用就要退还,便不乐意地噘嘴说:"是叔叔给的,

---

① 任远志:《我的父亲任弼时》,沈阳:辽宁人民出版社,1997年,第440、441页。

不是我要的。"任弼时不容置疑地说:"给也不许要!"并要求远征在退还时要当面做检讨。任远志后来感慨:这件事,不但是妹妹,连我都记了一辈子。①

1946年6月,国民党当局破坏和平协定,挑起并发动了全面内战,把战火也烧到了以延安为中心的陕甘宁边区。1947年3月,国民党军队胡宗南部在经过周密的准备后,发动了对延安的重点进攻。中共中央审时度势,决定主动放弃延安,转战陕北。作为中央领导人,任弼时在组织并随党中央机关撤离延安时,并没有把孩子们带在身边,而是让他们自己背上书包,随学校一起转移。没想到在行军路上,任远志右脚趾骨跌伤,从脚尖一直肿到大腿,路也不能走,只好由别人背着行军。陈琮英在此前已经转移到了晋西北,考虑到这种情况,任弼时才允许把任远志和任远征送到自己身边,随他一起转战陕北。②

转战陕北期间,尽管工作非常繁忙,任弼时却并没有放松对孩子们思想上的教育和生活上的照顾。任远志回忆道:

有时晚饭后有一点时间,他就把我们领到村外的小河旁,询问我们在想些什么,讲他和先烈们在敌人监狱中斗争的故事。有一次竟一字一句地讲解毛主席的《新民主主义论》。他是想让我们思想开阔一些,可那时候,我们怎么能理解如此深刻的道理呢?

有一次,我感冒发高烧,爸爸更忙了。夜里,他端来一盆凉水,拧一条毛巾放在我的额头上,就去看文件和电报,过一会儿又给我换一次毛巾,再去忙他的工作。连着好几个夜晚,都是这样度过的。直到现在,我一闭上眼睛,就能看到他那忙碌的身影。③

---

① 任远志:《我的父亲任弼时》,沈阳:辽宁人民出版社,1997年,第442页。
② 任远志:《一颗博大的心——回忆爸爸任弼时》,中共中央文献研究室编:《任弼时同志八十诞辰纪念集》,北京:中国青年出版社,1985年,第132页。
③ 任远志:《一颗博大的心——回忆爸爸任弼时》,中共中央文献研究室编:《任弼时同志八十诞辰纪念集》,北京:中国青年出版社,1985年,第133页。

1947年5月17日，在转战陕北期间共同生活了20天左右，远志脚上的伤好些了，任弼时就让人把孩子们送往山西，他则与毛泽东、周恩来一起，继续在陕北指挥着中国革命。临分手时，任远志掏出一个小本，请毛泽东为她题词。毛泽东欣然提笔，在小本上写了"光明在前"四个字。①

在胡宗南国民党军进攻延安前夕，正积极备战的任弼时还接到湖南老家的三妹任培辰夫妇的来信，信中提出了希望能允许他们来延安工作的请求。

任弼时三妹任培辰的丈夫单先麟，曾在湖南平江县担任国民政府警察局长。他同情革命，不满国民党的反动统治，1945年3月，王震、王首道率湖南人民抗日救国军②南下平浏时，单先麟主动配合，率领警察部队虚放几枪，迅速撤出城外，使王震、王首道率领的队伍顺利占领了县城。③抗日救国军离开后不久，任培辰夫妇被控为"奸匪"，单先麟被撤销职务。两人离开平江后，便先后到南京、北平与八路军代表团联系，希望任弼时能安排他们到延安。

三妹任培辰夫妇给任弼时的函电转到延安。任弼时

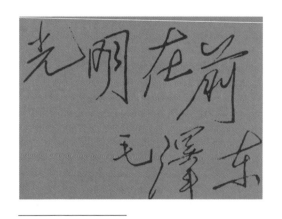

毛泽东为任远志题词：光明在前

---

① 中共中央文献研究室：《任弼时传》，北京：中央文献出版社，2004年，第761页。
② 1944年秋，由八路军第三五九旅主力组成的南征部队出发前，被命名为八路军独立第一游击支队，通称南下支队。进入湖南攻占平江后改称湖南人民抗日救国军。
③ 王首道：《忆南征》，北京：人民出版社，1983年，第98页。

考虑到当时的形势,没有同意他们来延安的请求。他在回信中写道:

厚康兄、培辰妹鉴:

接读转来函电,已悉抵平。惟时局不靖,关山阻隔,仍不以来延为妥。如有事须告我者,请即面告薛君①,彼当可负责转达。如返湘路费有缺,亦请与薛某商洽,请予资助。机会有期,勿念。②

中华人民共和国成立后,二十多年未见的兄妹终于能够在北京相聚。这次,任培辰夫妇一起来北京探望兄嫂一家,久别重逢,大家倍感亲切。任培辰看到,哥哥穿的一件毛背心是陈琮英用一条延安时用过的旧围巾改织的,孩子们穿的衣服有的是用旧制服改缝的,吃饭时用的餐具都是搪瓷碗和竹筒碗,筷子上系了绳子,显然是行军时用过的。一位共产党领导人的家庭生活竟然如此简朴,这是培辰夫妇始料不及的。任培辰临走的时候,希望任弼时能给湖南省委写封信,为她的丈夫安排工作。任弼时说:"这虽然是件小事,但是为了私事给省委写信,影响不好。你们的工作,当地政府是会安排的。"③

要知道,任弼时的妹夫单先麟在革命战争年代,以国民党县警察局长的身份,主动向王震所率领的八路军南下支队让出县城,这是要冒多大的风险!后来也因此被国民党当局认定为与"叛匪"交往,被撤销了警察局长职务,原有的安定生活也因此被打乱。现在,新中国成立了,对曾经的"有功之臣"给予适当的照顾和工作安排,是完全合情合理的。但在任弼时看来,这件事情只能由当地政府按规定办,他作为党和国家领导人,不能因为是自己的家人就向地方提要求。由此不难看出任弼时对自己和家人的严格要求,以及所体现出的良好家风。

---

① 即八路军留驻北平军事调停执行部的代表薛子正。
② 中共中央文献研究室:《任弼时传》,北京:中央文献出版社,2004年,第743页。
③ 中共中央文献研究室:《任弼时传》,北京:中央文献出版社,2004年,第871页。

"我年纪比你大几岁这是我的缺点,我希望在其他方面可以弥补。"

——邓小平

抗战初期,邓小平先后担任八路军总政治部副主任、第一二九师政治委员。他主要在以太行山为中心的晋冀豫根据地、冀南根据地工作,来延安一般是参加有关会议,因此在延安生活的时间并不长。但延安对邓小平来说,却有着特别的情愫。因为在这里,他找到了人生的另一半,从而共同走进婚姻的殿堂,结成了百年之好。

1939年9月,35岁的邓小平在延安参加中共中央政治局扩大会议期间,经时任中共中央委员、中央党校校长的邓发等巧牵红线,结识了卓琳。

卓琳,原名蒲琼英,云南宣威人,比邓小平小12岁。"九一八事变"以后,卓琳决心走出云南,到北平去念书。1932年,卓琳考入北平第一女子中学。1935年"华北事变"后,她参加了著名的"一二·九"抗日救亡运动,并在中学毕业后,以优异成绩考入北京大学物理系。她积极参加抗日民族解放先锋队组织的外围活

1939年9月,邓小平与卓琳在延安结婚。这是婚后回到太行山的邓小平和卓琳

动,开始投身革命。1937年"七七事变"后,卓琳与许多进步青年一样,奔赴延安寻求革命真理。来到延安后,她考入了陕北公学。1938年初,光荣地加入了中国共产党。卓琳先是在陕北公学图书馆工作,不久,又被调到陕甘宁边区保安处特别训练班学习。因为工作需要,她将自己的名字由蒲琼英改为卓琳。

卓琳后来谈起与邓小平结识及结婚的经过时,在幸福的回忆中,字里行间也展现出战争年代革命者特有的浪漫:

> 1939年秋,邓小平到延安来开会。他那时是一二九师政委,在太行山工作,还没有结婚,邓发想让他在延安找个合适的,就把他带到学习班①来了。有一次我去曾希圣②家,曾希圣说有人想和我结婚,问我愿不愿意。因为当时我还年轻,还想再工作几年。
>
> 曾希圣跟我谈了两次我都不愿意。后来他(引者注:指邓小平)就问,他自己找我谈谈可不可以。我说,可以。于是我们一起到曾希圣家。邓小平说:"我这个人年纪大了,在前方作战很辛苦,我想和你结婚,可是曾希圣和你谈了,你不同意。我这个人不太会说话,希望你考虑一下这个事情。我年纪比你大几岁这是我的缺点,我希望在其他方面可以弥补。"
>
> 他找我谈了两次:第一次谈谈他的情况,第二次谈谈他的希望。我听听,觉得这个人还可以。他有点知识,是知识分子。第二个呢,我想,反正早晚都得结婚。我那时已经23岁了。我以前就认识邓小平,现在他亲自来找我了,说话又那么诚恳,我就同意了。但有个条件是结婚后马上离开延安,因为我害怕其他人笑话我也嫁了个"土包子",邓小平也同意了。③

---

① 卓琳从延安陕北公学毕业不久后,先是留校工作,后来又分配在延安公安部门的特别训练处工作。
② 曾希圣(1904—1968),湖南兴宁人,1927年加入中国共产党,曾参与创建中共中央军委二局(情报局),并任局长,为红军反"围剿"作战和长征的胜利做出了重要贡献。抗战初期,在中央社会部工作。
③ 中共中央文献研究室邓小平研究组:《永远的小平 卓琳等人访谈录》,成都:四川人民出版社,2004年,第22、23页。

1939年9月初，在延安杨家岭毛泽东居住的窑洞外山坡上，大家为邓小平和卓琳、孔原和许明这两对新人举行了一个简单的结婚仪式。孔原原名陈铁铮，江西萍乡人，1939年4月奉命从新疆来到延安，任中共中央社会部副部长、中共西北工作委员会委员、中共中央职工运动委员会委员，1940年5月在重庆中共南方局担任组织部长兼西南工作委员会书记。他的妻子许明，河北沧县人，1936年入党，后来在国统区从事党的秘密工作。在两对新人的结婚仪式上，毛泽东、刘少奇等都来了。简朴的仪式和简单的酒菜也简化不了热闹的气氛。大家把两张桌子拼起来说："今天我们会餐啊！大家都来会餐吧！"也没有说要结婚。当时李富春对卓琳说："你也认识邓小平，大家会会餐，现在给你们腾出个窑洞，吃完饭后你们一块儿回去就算结婚了。"由于当时卓琳对结婚一点都没有准备，邓发就把他们的窑洞腾出来给邓小平和卓琳，这样，邓小平和卓琳就在邓发他们的窑洞里结婚了。①

老红军刘英也和爱人张闻天参加了这两对新人的婚礼。刘英后来回忆道：

邓小平与卓琳、孔原与许明集体结婚时在延安窑洞前的合影

---

① 中共中央文献研究室邓小平研究组：《永远的小平 卓琳等人访谈录》，成都：四川人民出版社，2004年，第23页。

记得1939年夏秋之间,前方军队的领导同志回延安来,似乎同开"七大"有关系。小平同志同卓琳就是在那时成的好事。我参加了他们一对同孔原和许明一对同时举行的婚礼。在杨家岭窑洞前摆了一溜子,相互劝酒,搞得非常热闹。我的老同学孔原在大家连连进攻之下,喝醉了酒,昏睡了一晚上。小平同志一杯一杯地同人家干杯,却神态自若。后来有人揭底,他喝的大多是白开水。①

由于是两对新人共同举行的集体婚礼,来的人也多,大家都非常高兴,频频敬酒,其中一位新郎官孔原在热闹的气氛下,喝了很多酒,以至于都喝醉了。但另外一位新郎官小平同志却一点没醉。原来是参与婚礼助兴的邓发和李富春悄悄弄了一瓶白水充作酒水,才使得邓小平免于一醉。几天后,他们就一道启程奔赴抗日前线。②

在卓琳看来,她和小平同志能够结成革命伴侣,还有当时担任陕甘宁边区政府保安处处长周兴的功劳。卓琳在后来的回忆文章中描述了她与邓小平有缘结识,乃是因为先有机会在周兴同志那里工作:

我与周兴同志认识是在1938年。那时我从延安陕北公学毕业后,分配在延安公安部门的特别训练处工作。其时周兴同志是陕甘宁特区政府保安处处长,相当于延安的公安局长,是我们的顶头上司。作为一名公安战线的新兵,对于部门最高领导,我们只知其人而并不相识。记得有一天,周兴同志找我谈话。我报告后进去,第一次见到久仰盛名的领导。一眼窑洞中,简朴的办公用具,简朴的衣着,一切都是延安那种既熟悉又普通的风格。周兴同志问了我的情况,告诉我要调到安全部门工作。谈话简练、

---

① 刘英:《刘英自述》,北京:人民出版社,2005年,第140、141页。
② 陈志凌:《中共党史人物传精选本》(1),北京:人民日报出版社、中央文献出版社,2001年,第755、756页。

明确而亲切。这是我第一次认识周兴同志，当时，我并不知道，他的这次谈话和对我的调动，对我未来的生活竟然会产生那么大的影响。到了党中央的安全部门以后，我认识了小平同志，并最后与他结成终生伴侣。可以说，在众多热情关心小平同志的人中，周兴同志也是一位积极分子！

我是抗战时期才认识周兴同志的，而小平同志对周兴同志则是早就熟悉。革命战争年代他们就认识，解放后周兴同志在北京公安部和检察院工作后又曾在山东和云南担任过主要领导工作，在工作上与小平同志的接触是很多的。周兴同志只比小平同志小一岁，可以说，无论在战争还是建设年代，他们这一代人所经历的都是史诗性的砺炼，功勋与磨难都与光荣同在！①

新婚不久，卓琳就跟随邓小平回到了太行山抗日前线。她在八路军总部担任妇女训练班的队长，邓小平则回到位于山西辽县桐峪村的一二九师师部。

在卓琳的回忆中，她和邓小平婚后就立刻回到各自的工作岗位，没有片刻时间享受浪漫的新婚生活。但我们还是从当事人的回忆中能感受到：在严酷而紧张的战争年代，他们虽然不能像寻常新婚夫妻那样从容而休闲地卿卿我我、儿女情长，但生活却依然充满了别样的乐趣。卓琳在接受访谈时这样说道：

> 太行山上八路军总部，朱德是总司令，彭德怀是副司令。当时总部有个妇女部，我就在妇女部工作。那时邓小平从前线到总部来开会我们才能见一面，开完会他又走了。我说夫妻俩老这样也不行，就让他给我写信，他说："写什么呢？"我说："就把你每天干了什么写一写。"他说："那好，那我让秘书给我打个底稿，印十几份，每个月给你寄一份。"我一听，哎呀，那就算了。后来我对他说："写信你也不写，我们还是在一块儿共同生活，

---

① 卓琳：《我所认识的周兴》，杨玉英主编：《怀念周兴》，北京：群众出版社，1999年，第168、169页。

共同理解吧。"他想了想说："行"。所以，我就和他到了一二九师，住在一块儿了。慢慢地就互相理解了。①

从此以后，卓琳一直陪伴着邓小平，在工作中作为他的亲密战友和助手，生活中作为他的贤内助。从太行山到大别山，从抗日战争到解放战争，一直到新中国成立，他们以对革命事业的坚定信仰、以对坚贞爱情和淳朴感情的执着坚守，克服各种困难和挑战，不离不弃，幸福地工作和生活在一起。

邓小平、卓琳与孩子们

---

① 中共中央文献研究室邓小平研究组：《永远的小平 卓琳等人访谈录》，成都：四川人民出版社，2004年，第25页。

> "我是个老实人,你也是个老实人,老实人和老实人在一起能够合得来。"

——陈云

陈云是中国共产党早期领导人之一,1934年1月,在中共六届五中全会上当选为中央政治局委员、常委,兼任白区工作部部长。长征途中,参加了遵义会议,支持毛泽东等人的正确主张。后赴苏联参加中共驻共产国际代表团工作,任监察委员会委员。1937年11月回到延安,出席了中共中央于1937年12月召开的政治局会议,增补为中央书记处书记,并被任命为中央组织部部长。

回到延安不久,陈云因过度劳累,曾经流鼻血的疾病复发,被迫停下工作静养。组织上为了照顾他的身体,便让陕北公学女生队推荐一名学员承担护理工作。女生队党支部推荐了于若木,并将其调到陈云身边,一方面进行护理工作,一方面帮他处理杂事。

于若木是山东济南人,原是北平女一中的学生,是该校参加"一二·九"运动的骨干,中共正式党员。她在1937年"七七事变"后带着党组织的介绍信从山东来到延安,进入陕北公学学习。由于医生要求陈云在家静养,这样于若木在护理期间,两人便经常一起聊天,彼此产生了感情,并结成终生伴侣。

结婚前,陈云对于若木说:"我是个老实人,你也是个老实人,老实人和老实人在一起能够合得来。"婚后,于若木给远在英国的大哥写家书时这样介绍她的婚事:"虽然他大了我14岁,但是我对自己的婚姻很满意。他是一个非常可靠的忠实的人,做事负责任,从不随便,脾气很好,用理性处理问题而不是感情用事。所不痛快的是两个人能力、地位相差太远,在他面前愈显得自己幼稚无知。"①

于若木后来回忆起他们结婚的情景,在今天读来,既充满了浪漫的温情,又体现出浓郁的时代气息:

陈云和于若木在延安

> 我们的婚礼十分简朴。结婚那天晚上,陈云同志只花了一元钱,买了些糖果、花生,请中央组织部的同志来热闹了一下,就算是婚礼了。事后,消息传开,有人要陈云同志请客。他当时虽然手里有点钱,请得起客,但他不愿意摆场面,所以没有请。婚后,我给陈云同志做了个土沙发,底下是个木箱子,后边靠背是块木板,表面垫上一些棉花,然后再蒙上我的呢子大衣。
>
> 我们婚后不久,陈云同志曾用三个晚上给我讲党史,讲到大革命失败后盲动主义给党造成的损失,讲到向忠发、顾顺章叛变后对党中央的威胁,讲到中央苏区五次反"围剿"失败后毛主席对党和红军的挽救等等。"陈云同志在洞房给于若木上党课",一时被中央组织部干部传为佳话。②

起初,中央组织部的办公地点设在延安城内西

---

① 陈志凌:《中共党史人物传精选本》(1),北京:人民日报出版社、中央文献出版社,2001年,第632、633页。

② 于若木:《一个高尚的人,一个纯粹的人——追念陈云同志》,《缅怀陈云》编辑组编:《缅怀陈云》,北京:中央文献出版社,2000年,第302、303页。

山脚下的一座小院里，有七八个土窑洞，第一个窑洞就是陈云的办公室兼住所。陈云的办公室和住所非常俭朴，东西很少，只有一张办公桌、一把木椅子、一个旧的帆布躺椅，还有一个旧的木头书架和一个冬天烤木炭火的火盆。①

后来因为日本飞机轰炸，中央组织部搬到了杨家岭。杨家岭半山坡上的两孔土窑洞，就成了陈云和于若木的家。

作为中央组织部部长，陈云非常关心干部的生活。特别是对在外地工作的干部，其子女在延安的，以及革命烈士的子女，他和于若木都倾注了满腔的爱和深厚的感情。陈云常常接孩子们到家里来，为他们改善生活。陈云的爱人于若木，把组织照顾首长的"好吃的"全拿出来招待孩子们，孩子们也兴

延安杨家岭陈云旧居

---

① 中共中央文献研究室：《陈云传》，北京：中央文献出版社，2015年，第236页。

高采烈地将"好吃的"一扫而光。这些孩子大多是烈士遗孤,为保护这些革命后代,陈云安排各地的地下党组织将他们送到延安,再送到各个学校去上学。每到星期六,往往是陈云家最热闹的时候。陈云总会将孩子们接到自己的家中,给他们以极大的厚爱和温暖。他不论工作多忙,总要抽出时间,给孩子们讲革命先辈的故事,讲小英雄的事迹,给他们幼小的心灵播下革命的种子。他有时还把自己节省下来的笔记本、牙粉、牙刷发给孩子们。①

一天下午,刘伯坚②烈士的儿子刘虎生从学校回来,一进陈云的窑洞,便瘫倒在地上。陈云赶忙抱起来一摸,发现他不仅发烧,身上还起了许多小红点。陈云立即打电话请来医生。医生查看病情后给虎生服用了药物,但病情仍不见好转。陈云急忙找了一副担架,将虎生火速送到几十里外的和平医院。经检查,虎生患的是急性败血症,医生立即给予了针对性治疗。第二天,陈云又和时任中共中央妇委主任的蔡畅同志赶到医院,把组织给他的营养品全部拿给虎生吃,还特意用节省的津贴买了一只大公鸡给虎生补养身体,又派自己的勤务员到医院照顾虎生。医生们都说:"虎子的命真大。"虎生却说:"我的命是疼我爱我的陈伯伯和医生护士们给的。我虽失去亲生父母,可我得到胜似父母的关怀和照料。我是最不幸的,也是最幸福的。"刘虎生在陈云等老一辈领导人的关怀照顾下,在延安读完了小学、中学,直到从军政大学毕业。后来,组织上选送21位烈士子女和干部子女到苏联去学习,刘虎生也是其中之一。临走时,陈云特意为他们组织了欢送会,并把伴随他多年的一块珍贵的瑞士怀表送给了

---

① 延安革命纪念馆:《中央组织部长的情怀》,《缅怀陈云》编辑组编:《缅怀陈云》,北京:中央文献出版社,2000年,第642页。

② 刘伯坚(1895—1935),四川平昌县人,早年赴法勤工俭学。1922年6月,与周恩来、李富春等出席在法国巴黎的旅欧"中国少年共产党"第一次代表大会。1922年8月,中国共产党旅欧支部成立,刘伯坚转为中国共产党党员,1923年受党组织委派赴莫斯科东方劳动大学学习。1926年9月从苏联回国,组织并领导革命运动。大革命失败后,受党组织委派再赴苏联学习军事,并在莫斯科出席了党的六大。1930年回国后从上海转道江西,在中央苏区任中央军委秘书长,后任中华苏维埃共和国中央执行委员会委员、苏区工农红军学校政治部主任、红一方面军第五团政治部主任。红军长征后,留在中央苏区坚持武装斗争。1935年3月,在与敌人的战斗中不幸受伤被俘,英勇牺牲。

陈云在延安

虎生，鼓励虎生继承先辈的遗志，努力学习，报效祖国。①

随着形势的发展和各方面条件的改善，来延安的孩子越来越多，陈云便嘱咐中央组织部有关部门，每逢星期六一定把孩子们接到中组部来，而这一天，也往往是组织部伙食最好的一天。②

日常生活中，陈云十分珍惜时间。工作之余，他既不打扑克，也不跳舞，总是在如饥似渴地读书学习。他的孩子们在纪念文章中写道："妈妈告诉我们，父亲读起书来，如饥似渴，有时甚至到了拼命的地步。"③

陈云自我要求也十分严格。他身体不好，理应受到照顾，但他从不搞特殊。平常的时候，陈云的生活很简单，穿着打扮都是公家发的衣裤和鞋子，同大家一样，伙食标准也按照规定执行。在延安出现经济困难时，陈云和大家一样，生活很艰苦，每顿饭只有两小碟菜，油水很少。就是这样，他还要求身边的秘书常常检查一下，是否超过标准。④

---

① 延安革命纪念馆：《中央组织部长的情怀》，《缅怀陈云》编辑组编：《缅怀陈云》，北京：中央文献出版社，2000年，第643页。
② 中共中央文献研究室：《陈云传》，北京：中央文献出版社，2015年，第281页。
③ 陈伟力等：《永远像您那样学习和生活》，《人民日报》，1997年4月22日。
④ 中共中央文献研究室：《陈云传》，北京：中央文献出版社，2015年，第326页。

延安时期担任陈云秘书的刘家栋回忆：

陈云同志在延安时期，既是中央政治局委员、中央书记处书记，又是中央组织部的部长。他对我们要求很严格，对自己也毫不例外。在他看来，大家都是共产党员，都应当严格要求，谁也不能特殊。这就是他的又一个明显特点：一贯不搞特殊。

他在中央组织部工作时，和一般战士干部一样，穿的都是公家发的衣裤和鞋，很朴素。和大家一样，普普通通的。

在部里，按照当时的规定，他和李富春同志是吃小灶的。但在那种困难的条件下，大家每月的津贴费都相差不大。在延安，一般干部每月津贴费2元，最高的中央领导，像毛泽东同志那样的领导，也无非只有5元。所以，所谓吃小灶，并好不到哪里去，无非是能吃上大米，这就是最大的优待了。陈云同志的小灶，每顿饭有两小碟菜，油水很少，就是这样，他还曾叫我去检查，不要超过标准。抗战胜利以后，陈云同志到了东北哈尔滨。那时，我也到了东北工作。东北的条件，比我们在延安时是好多了。但陈云同志依旧很注意节俭，不准超标准。记得有一次，因为他生病了，食堂为他多做了一个菜，他见到以后，硬是给端了回去。从此，再也没人敢不按规定随意给陈云同志加个菜了。

他不仅在吃穿上很简朴，屋里的摆设也非常简朴。那时，条件很艰苦，不像今天有办公的地方，还有宿舍，分作两摊。陈云同志这样的中央领导，开始也就在一间窑洞里办公和住宿，甚至在结婚以后有一段日子，仍只有这样一间窑洞。后来，考虑到实在不方便，陈云同志才答应了换一个套间窑洞，外间作为他办公的场所，里间作为他同爱人的卧室。在他办公的窑洞里，只有一张办公桌、一把木椅子、一个旧的帆布躺椅，还有一个旧的木头书架和一个冬天烤木炭火的火盆。①

---

① 刘家栋：《陈云在延安》，北京：中国方正出版社，2005年，第167、168页。

陈云与夫人于若木格外注意处理好家庭与工作的关系，严格遵守工作纪律。他们之间感情深厚，相敬如宾，说起话来都是轻声细语，和和气气的。据陈云身边的工作人员刘家栋回忆：

陈云为《新中华报》题词：为全中国人民彻底解放而奋斗

我从没听到他们大声地说话，更不要说是争吵了。当时，于若木在延安的马列学院学习，每星期六下午才回来，星期天下午就又要返校了。她回来时，主要是帮助陈云同志搞点家务劳动，料理一下陈云同志的生活。但他们之间的谈话，从不涉及中央组织部的工作。陈云同志自己不会说，于若木也从来不管陈云同志工作方面的问题。当于若木在家时，如遇到有人来汇报工作或谈问题，她总是回避开。一开始，陈云同志只有一间窑洞时，她就躲到外面去。大家实在不忍心这样，才动员陈云同志搬到一套间窑洞里。即使这样，她也不听不陪，躲到里间窑洞去干自己的事。只有傅连暲医生来给陈云同志看病，才是一个例外，她才会在场。①

陈云对自己向来严格要求，在1945

---

① 刘家栋：《陈云在延安》，北京：中国方正出版社，2005年，第171、172页。

年党的七大会议上,陈云同志发言说,对功劳要有正确的看法,第一是人民的力量,第二是党的领导,第三才轮到个人。他特别强调,这样的次序是不能颠倒的。①

刘家栋回忆道:

> 陈云同志用东西也很节约,一个皮箱,是延安时期的,一直用了几十年,还在用。有一个刮胡刀,刀架是1935年9月他由上海秘密去苏联之前买的,刀片是他到苏联之后买的。3个刀片用了10年,而刀架一直用到他逝世之前。②

陈云同志逝世后,并没有给家人和孩子们留下什么财产。但正如他身边的工作人员所总结的,虽然他给家人没有留下多少物质财产,但他留下的精神财富,则是中国共产党人的无价之宝。③

---

① 牟信之等:《陈云同志最后的三百二十一天》,《缅怀陈云》编辑组编:《缅怀陈云》,北京:中央文献出版社,2000年,第390页。
② 刘家栋等:《党的优良作风的光辉典范》,《缅怀陈云》编辑组编:《缅怀陈云》,北京:中央文献出版社,2000年,第335页。
③ 牟信之等:《陈云同志最后的三百二十一天》,《缅怀陈云》编辑组编:《缅怀陈云》,北京:中央文献出版社,2000年,第392页。

"你这才像个当兵上前线的样子!"

——彭德怀

美国记者埃德加·斯诺在《红星照耀中国》(又名《西行漫记》)中,描述了红军将领彭德怀给他的第一印象:

> 我住在彭德怀设在预旺堡的司令部的院子里,因此我在前线常常看到他。附带说一句,司令部——当时指挥三万多军队——不过是一间简单的屋子,内设一张桌子和一条板凳、两只铁制的文件箱、红军自绘的地图、一台野战电话、一条毛巾、一只脸盆和铺了他的毯子的炕。他同部下一样,只有两套制服,他们都不佩军衔领章。他有一件个人衣服,孩子气地感到很得意,那是在长征途上击下敌机后用缴获的降落伞做的背心。①

"西安事变"的和平解决,促成了国共之间的第二次合作。1937年8月,中国共产党根据同国民党谈判所达成的协议,将中国工农红军改编为国民革命军第八路军,朱德任总指挥,彭德怀任副总指挥。1937年9月,改称为国民革命军第十八集团军,朱德为总司令,彭德怀为副总司令。按照中共中央和中央军委的部署,红军改编在距离西安不远的三原进行。改编完成后,便立即开赴晋西北抗战前线。

---

① [美]埃德加·斯诺著,董乐山译,《红星照耀中国》,北京:作家出版社,2012年,第194页。

彭德怀这时候想到了自己还积攒下来的几块大洋,便主动提出作为特别党费上交给党组织。据杨尚昆回忆:

彭德怀与浦安修在延安

> 彭德怀从井冈山斗争以来,把每次所分的伙食尾子积存下来,共存了五块光洋。"双十二"事变后,我们驻在西安附近的三原,他把剩下的三块光洋拿出来,作为党费交给了组织。当时,他还要把在苏区获得的那个金质奖章上交公家,组织上没有收下。①

彭德怀对组织非常慷慨大度,但在对待个人和家庭生活上,却是非常节俭的。

曾担任晋冀鲁豫边区政府副主席的戎子和回忆起彭德怀在八路军总部工作时,他亲历而又难忘的一个场景:

> 一次,我到他住的房子里谈话,看到他同浦安修同志共用一条只剩下半截的洗脸毛巾,已经由白色变成灰褐色,且有三四处窟窿,他却舍不得扔掉,还继续使用。②

---

① 杨尚昆:《我所知道的彭老总》,湖南人民出版社编:《怀念彭德怀同志》,长沙:湖南人民出版社,1979年,第40页。
② 戎子和:《回忆彭德怀同志二三事》,王焰、蒋宝华主编:《中国人的脊梁——彭德怀》,北京:人民出版社,1998年,第76页。

著名作家丁玲在1937年组织了战地服务团，到山西抗战前线宣传抗战，慰问八路军广大官兵，前后有半年左右的时间。其间她与八路军副总司令彭德怀多次见面，彭德怀严格的自我要求给她留下了深刻的印象。她后来在文章中写道：

> 那时津贴很少，一个月他们每人5元钱。彭老总的钱由警卫员替他管。彭总有胃病，警卫员就给他弄点炒面糊，冬天有时买只鸡做给他吃。但彭总总要问，是不是从老百姓那里买来的？违反群众纪律没有？①

1938年，彭德怀与朱德在山西洪洞县八路军总部接见美国记者（前排右二为丁玲）

① 丁玲：《"党相信你"》，薛但丁、魏丹编：《任弼时》，成都：四川人民出版社，1992年，第129页。

时任陕甘宁边区延属地委副书记的白清江回忆：

当年（1947年）秋季，我又到彭老总那里汇报工作……到了晌午，彭老总留我一起吃午饭。警卫员把饭端上来，我一看，只有一个烧白菜，馒头和稀饭。我禁不住悄悄地问警卫员："怎么彭老总日夜操劳，就吃这样简单的饭菜？"警卫员说："彭老总对自己从来就是这么严，我们毫无办法。一顿饭只许搞一个菜。"听到这里，我不由暗暗地佩服彭老总，他这种严格要求自己、生活艰苦朴素的精神，是值得我们好好学习的。①

延安时期，由于严酷的战争环境和艰辛复杂的斗争，客观上决定了革命队伍中的成员，往往要牺牲家庭的团聚乃至于寻常的家庭生活，必须把革命工作放在第一位。彭德怀也不例外。彭德怀的妻子浦安修后来回忆起这段日子时说道："我和他结婚之后，像那时的许多女同志一样，不愿在自己爱人领导的单位工作，想独立地在实际工作中经受锻炼。对这一点，德怀很支持，不要求我留在他身边照顾他。"②

彭德怀对家人的要求也同样严格，并鼓励他们在枪林弹雨中接受考验和锻炼。彭德怀的侄子彭起超回忆：

抗日战争时期，我才13岁那年，便从湖南老家历尽千辛万苦辗转到了延安，来到了我伯伯彭德怀身边。从那时起，我开始受到伯伯的亲切教诲。

一天，伯伯突然问我："今后你打算怎么办？"伯伯这一问，把我给问住了。他见我那尴尬样子，便以试探的口气问："你是想继续在延安呆

---

① 白清江：《同彭老总的三次见面》，湖南人民出版社编：《怀念彭德怀同志》，长沙：湖南人民出版社，1979年，第100页。
② 浦安修：《赤子之心——怀念彭德怀同志》，王焰、蒋宝华主编：《中国人的脊梁——彭德怀》，北京：人民出版社，1998年，第78、79页。

下去,还是跟359旅的王胡子(王震)上前线?"我思索开了:伯伯经常教育我,要革命,要报仇,就要经风雨,勤磨炼,拿起枪杆子打反动派。于是,我毫不犹豫地说:"我要上前线!"伯伯拍着我的肩膀,满意地笑了。望着伯伯那慈祥的目光,我不由得问了一句:"我上前线去,您放心吗?"他哈哈大笑起来:"跟王胡子上前线,我哪能不放心呀!"

临走的那天上午,天气格外晴朗。太阳暖烘烘的。我一清早就打好背包,整理好行装,高高兴兴地去向伯伯告辞。伯伯眯着眼睛,上下打量着我:绑腿背包、崭新的军装,一身小八路打扮。他高兴极了,笑着说:"你这才像个当兵上前线的样子!"

伯伯送了一程又一程,嘱咐我到前线去要听指挥,不要搞特殊;要遵守纪律,爱护老百姓的庄稼;要请示汇报,不能单独行动。我默默地听着,眼里闪动着泪花。分手了,我向伯伯敬了个礼,他紧紧地握着我的手。我走出好远回头看时,伯伯还在向我招手。①

彭德怀在延安做报告

---

① 彭起超:《"把你在家讨米、放牛的情景想一想,你就感到不应该了"》,韦刚编:《彭德怀》,成都:四川人民出版社,1993年,第481、482页。

彭起超通过在王震率领的南下支队一年多的战斗磨炼,成长很快。1946年,王震赴武汉与国民党谈判,彭起超随同担任警卫工作。他后来回忆道:

> 1946年春,我当警卫战士,跟随周副主席、王震同志等坐飞机回到延安。
>
> 一下飞机,王震同志便带我到前来欢迎的伯伯身边,风趣地说:"彭总,我的任务完成了,把他交给你了!"
>
> 汽车在陕北高原上行驶,一路尘土飞扬。我坐在伯伯坐的大卡车上,紧靠在他身旁。伯伯高兴地询问我到前线后的战斗、学习和敌占区人民生活情况,我一一做了回答。突然,伯伯的眼光一下扫到我的腿上,见我穿着一双擦得发亮的皮鞋,不由得皱了皱眉头:"你怎么穿这么好的皮鞋?"我向他说明这是在重庆因谈判工作的需要,组织上发给我的,平时我穿的是布草鞋。伯伯还是显得不那么高兴。"要艰苦、勤俭呀!现在老百姓养活我们真不容易,国民党反动派还封锁我们,我们靠的是什么?就是自力更生、艰苦奋斗!"看得出来,伯伯当时的心情有些沉重,似乎觉得我有些变了。他还说:"你把你在家讨米、放牛的情景想一想,你就感到不应该了。"
>
> 一回到枣园,我就把皮鞋交给了行管部门。①

由于长期的军旅生活和艰苦的工作环境,彭德怀患有严重的胃病。1947年初,蒋介石命胡宗南调集数十万大军,准备进犯陕甘宁边区。中共中央决定主动撤离延安,并成立了以军委副主席兼总参谋长的彭德怀为司令员兼政委、以中共西北局书记习仲勋为副政委的西北野战兵团,转战陕北,并在运动中歼灭来犯之敌。为了照顾好彭德怀的身体,当时任中央书记处办公厅主任的师哲

---

① 彭起超:《"把你在家讨米、放牛的情景想一想,你就感到不应该了"》,韦刚编:《彭德怀》,成都:四川人民出版社,1993年,第482、483页。

专门为彭德怀选派了一位精干的警卫员，同时特意叮嘱这位警卫员照顾好彭老总。没想到竟因此而造成了一桩"公案"，差点闹出了误会。

师哲后来在书中详细描述了事情的经过：

临撤离延安之前，我为彭总专门配备了一个精干的警卫员小杨，他不仅有作战经验，而且会料理生活。彭总也很喜欢他。

1947年3月，在最后撤离延安之前，我特意嘱咐小杨："不仅要提高警惕，保卫好首长的安全，而且要从多方面关心照顾首长的生活，尽可能地保证首长吃好，睡好，休息好，尤其是彭总，他有胃病，而且经常要在前线活动，十分劳累艰苦，所以只要有可能、有机会，就要设法改善他的伙食，给他增加些营养，保证他的健康。"但是没有把话讲得太清楚，没有介绍彭总的个性为人。

转战陕北时期，我们坚壁清野，部队天天吃小米干饭。警卫员怕长此下去，彭老总的胃受不了，炖了一只鸡，端着给彭老总送去。没有想到彭老总神色严肃地问："哪来的？"

"买的。"

"这是干什么？"

"改善一下生活……"

还不待警卫员把话讲完，彭总生气了："不吃！拿回去。"

这位青年不知道是怎么回事，看见彭总不高兴就将鸡端下去了。彭总仍天天吃他从大灶（战士灶）打来的小米干饭、白萝卜。警卫员恪尽职守，他想临来时组织上有过交代，彭总有胃病，一定要照顾好首长的身体，才能对得起组织。过了一两个星期后，他又给彭总做了一只鸡端去。

这回彭总发了脾气："你怎么又搞这一套！你干什么？！"（意思是你专给我找麻烦！）

年轻警卫员不太了解彭总的心思，十分委屈，申辩了几句。

彭总说："你原来是从哪个部队来的，你还是回哪个部队去吧，我这里不用你了。"

那时的青年人个个争着上前线，一听到让他回部队，心想："我这么关心你，照顾你，你还发脾气。既然要我走，我就走。"

彭德怀在转战陕北时为部队做报告

…………

我劝他："原因很简单，彭总不愿搞特殊，彭总考虑更多的是问题的另一面。在前线指挥作战的指战员，谁不辛苦，谁不劳累，谁无困难？！彭总认为，在艰苦的条件下，大家只能过同样的生活，只能同甘共苦，不管自己有什么个人困难，都应当忍耐，克服；特别是负责干部，更要时刻检点自己的言行与生活细节，绝不容许自己与大家有任何不同、任何特殊的地方。不仅如此，作为领导者，他认为，在一切方面、一切场合都应该吃苦在前，享受在后，都要以身作则，做出榜样来。"我又对他鼓励了一番，说他没有错误，只是方法欠妥。他听后，如释重负，高兴而去。①

---

① 师哲：《在历史巨人身边：师哲回忆录》，北京：九州出版社，2015年，第203、204页。

> "与人民群众、士兵同甘共苦是我们共产党的优良传统和一贯作风。"

——林伯渠

美国记者埃德加·斯诺是第一个到陕北革命根据地采访的外国记者。在后来引起轰动且影响深远的采访报道集《红星照耀中国》（又名《西行漫记》）中，首次对外描述了中国共产党领袖、中国工农红军领导人及红军战士的真实形象。在书中，斯诺也再现了当时担任中华苏维埃共和国西北办事处财政部长的林伯渠留给他的第一印象：

> 一天早上，这位55岁的长征老战士来到了我在外交部的房间，满面春风，身上穿着一套褪色的制服，红星帽的帽檐软垂，慈蔼的眼睛上戴着一副眼镜，一只腿架已经断了，是用一根绳子系在耳朵上的。这就是财政人民委员！①

中共中央进驻延安后，1937年9月，林伯渠担任新成立的陕甘宁边区政府主席，直到1948年11月。

当时在陕甘宁边区政府先后担任建设厅厅长和民政厅厅长的刘景范谈道：

> 林老生活简朴，克己奉公，从不特殊。他任陕甘宁边区政府主席后，

---

① ［美］埃德加·斯诺著，童乐山译：《西行漫记》，北京：解放军文艺出版社，2002年，第184页。

一直住在延安南门外边区政府所在地的一个土窑洞里。饭食也很简单,自己去食堂和大家吃一样的饭菜,从来没有特殊要求。①

抗战初期曾在陕甘宁边区政府教育厅工作的董纯才回忆:林老的生活作风一贯简朴。在延安时,他住的是两孔普通的土窑洞。有关部门曾经专门为他砌了三孔石窑洞,他坚决不住,只好作办公室和会议室用了。他睡的床,是用两个三脚凳支起来的最简陋的木板床。很长一段时间内,他一直盖一床白粗布打补丁的棉被,用一个包着衣服的包袱当枕头。他穿的衣服经常是补过的。延安的冬天相当寒冷,林老同大家一样,也只是烧一盆木炭火,而且大都是在一早一晚烧一烧。像林老这样一位年事已高的党的高级干部,受到党和人民的适当照顾是应该的。但是,林老却拒绝这样做。②

担任陕甘宁边区政府主席期间,林伯渠始终倡导廉洁从政、勤俭办事。中共中央落脚陕北,特别是进驻延安后,由于倡导并实行了与国民党联合、一致对外的政策方针,主张建立全国抗日民族统一

林伯渠在延安

---

① 刘景范:《回忆林伯渠同志在陕甘宁边区》,中共临澧县委编:《怀念林伯渠同志》,长沙:湖南人民出版社,1985年,第119页。

② 董纯才等:《呕心沥血抓建设——关于林伯渠同志在陕甘宁边区的片段回忆》,中共临澧县委编:《怀念林伯渠同志》,长沙:湖南人民出版社,1985年,第128页。

战线，因此，外部环境相对好转，各方面也相对安定了。为适应新的工作环境，特别是防止部分工作人员思想上松懈，生活上放松，1937年4月21日，林伯渠与中央审计委员谢觉哉联名发出通知，通令边区各单位在"时局由战争状态转到和平，由两个政权对立的状态转到合作"的情况下，财政上必须更加注意"健全各种制度"，发展"种菜、养猪、养鸡、做鞋袜等"生产事业，注意"保持苏维埃红军刻苦节省的传统作风，防止浪费腐化的习气侵入"。通知中还规定：公私费用必须"严格分开"，一切私人费用，均"不能出公家账"，禁止"办高价酒席"。①

1938年，为做好党的抗日民族统一战线工作，党中央决定派林伯渠赴西安，主持八路军西安办事处工作。在西安这个大城市工作的几年间，林伯渠的生活依然很俭朴。他吃穿和大家一样，由于身材高大，公家发的军被他盖上去短一截。冬天睡觉时，他便用麻绳将被头的一端捆起来，以便使脚不致露出被外。会计室按规定每月给他五元钱津贴费，他只签个字，就让把钱转到救亡室，买些书籍和文化用品。②

1937年7月，林伯渠在南京与国民党当局就国共合作开展谈判期间，见到了多年失去联系的女儿林秉衡、林秉佑和林秉元。1938年2月，他的孩子们和其他进步青年一起，奔赴延安。当时在西安八路军办事处担任领导工作的林伯渠知道孩子们从小家庭条件尚好，也没有挨过饿，便有意问道："你知道米多少钱一斤？盐多少钱一斤？布多少钱一尺？"并接着说："这些都是关系广大人民群众生活的事，关心人民，就不能不关心这些事。"通过这些寻常答问，耐心地诱导、启发孩子们对人民群众的感情。③

在延安期间，林伯渠对晚辈们在政治和生活上的要求非常严格。1939年

---

① 《林伯渠传》编写组：《林伯渠传》，北京：红旗出版社，1986年，第195页。
② 《林伯渠传》编写组：《林伯渠传》，北京：红旗出版社，1986年，第239页。
③ 林利：《回忆我的父亲林伯渠同志》，中国青年出版社编：《红旗飘飘》19集，北京：中国青年出版社，1980年，第185页。

5月,林伯渠从重庆返回延安在成都停留,当时在四川上学的进步青年田夫与几个同学常到林伯渠处请教。为了不引起特务注意,林老让田夫等人对外以自己的"干女儿"相称。后来田夫在林伯渠的关心下,于1939年8月赴延安,并在中国女子大学读书。田夫在延安学习期间,每逢假日,都要和林伯渠的长子林秉贻、朱德总司令的儿子朱琦等到林老那里去。林伯渠总要利用见面的机会了解他们的学习情况,给他们讲历史,讲革命故事,并用自己参加革命的丰富经历来启迪和教育他们。①

1941年,田夫调到延安县政府工作,她亲身经历并感受到林伯渠对子女的严格教育情景,受益颇深。在后来的回忆文章中田夫写道:

林老对他的小儿子相持(现名林用三②)要求很严格,从幼儿时期起,就提防他滋生干部子弟优越感。为此,他在一九四二年,把仅两岁多的小相持送到延安县来,托我就地找阿姨照看,让相持在农村生活一段时间,使之从小耳濡目染,懂得农民是怎样生活、劳动的。林老每月将他的粮油定量送来。县领导一再说,一个小孩吃粮食有限,要我转告林老不必送了。林老说,这是制度规定,我应首先遵守。坚持每月照送。小相持在县里经常背着双手学爸爸走路,学得逼真极了。县长刘秉温、县委书记王丕年常逗他玩,开玩笑叫他"小主席"。我一次无意中告诉了林老,把林老也逗乐了。然后,他严肃地说:这样不好,这种玩笑开不得,无形中会给幼小的心灵上刻上超人一等的痕迹,有害相持的健康成长,你转告县里同志,别开这种玩笑。同时,把相持叫到身边教导说:"以后别人叫你'小主席',你不能接受。人家问你长大做什么,你说到基层锻炼去,当一个乡政府的

---

① 田夫:《难忘的教诲 深切的怀念——纪念林伯渠同志诞辰一百周年》,中共临澧县委编:《怀念林伯渠同志》,长沙:湖南人民出版社,1986年,第197页。

② 据林用三回忆,父亲给他起名"用三"就是三用:用脑想问题,用手造机器,用脚踏实地。见林用三:《爸爸给我起名字》,中共临澧县委编:《怀念林伯渠同志》,长沙:湖南人民出版社,1986年,第270页。

文书。"果然小相持回到县里,就向人说:我爸爸说了,你们叫我小主席,我不能接受。我长大了要当乡文书。惹得大家哄堂大笑,同时都受到了教育。①

相持(林用三)刚六岁,林伯渠就让他自己拿着碗到大灶吃饭,上学后让他住校,和同学们一起过集体生活。看戏的时候,林伯渠规定他不许抢前排,在大街上不许随便吃群众的东西(边区老百姓对陕甘宁边区政府主席林伯渠非常热爱和尊敬,每当群众认出林主席的孩子时,就会主动地给东西吃)。②

林伯渠代表陕甘宁边区政府慰问在南泥湾开荒的三五九旅官兵

---

① 田夫:《难忘的教诲 深切的怀念——纪念林伯渠同志诞辰一百周年》,中共临澧县委编:《怀念林伯渠同志》,长沙:湖南人民出版社,1985年,第198、199页。
② 林利:《回忆我的父亲林伯渠同志》,中国青年出版社编:《红旗飘飘》19集,北京:中国青年出版社,1980年,第186页。

当时林伯渠的几个子侄都在延安。为了不影响工作,每当子女来看望他时,都必须先和秘书联系好后才能相见。到了吃饭时,本可让他们上客厅吃饭,但林老却要工作人员带他们上大食堂和工作人员一同就餐。林老的专车,从不让子女乘坐。1946年秋的一天,司机卢可正要出车,林老六岁的小儿子跑到车前喊道:"叔叔!让我也坐一下车吧。"但林老不同意,并对卢可说:"车是办公用的,不能让孩子们随便坐车。"①

林伯渠对身边工作人员的思想状况也非常关心,注意提高他们的思想觉悟和认识水平。据曾担任过林伯渠警卫员的贺永昌回忆,林老常常给他们这些"小鬼"讲故事。讲故事的时候,林伯渠常把四岁的小儿子也找来一起听。他讲井冈山斗争、广州革命、朱总司令挑南瓜的故事,讲完后就问我们懂不懂,不懂再讲。记得林老曾问我们:朱总司令为什么要挑南瓜?我一时答不完全。林老笑着说:与人民群众、士兵同甘共苦是我们共产党的优良传统和一贯作风,朱总司令的故事,说明我们党和党的领导人同群众是完全站在一起的。②

因为是林伯渠"干女儿"的关系,田夫在延安时期与林老接触较多,联系密切,通过近距离的观察和接触,她从林伯渠身上深切地感受到老一辈革命家的高洁品质和高尚情操。田夫回忆:

林老虽身居高位,是党的杰出领导人之一,但他事事以身作则,从不特殊,总是以普通服务员身份出现在群众中,平易近人,生活上也始终保持党的艰苦朴素的优良传统。他穿的衣服破了,补了又补,内衣、内裤更是如此。一条棉裤好几个补丁。按制度两年换发一套新棉袄,他总是放弃领取,说省领一套,就能多解决一个同志的困难。他穿的棉鞋,毡里磨损,不暖和,给他领了一双新的,但他看见朱奇同志(笔者注:即朱琦,朱德

---

① 杨枫等:《林老永远是我们学习的榜样》,中共临澧县委编:《怀念林伯渠同志》,长沙:湖南人民出版社,1985年,第237、238页。
② 贺永昌:《林老生前二三事》,中共临澧县委编:《怀念林伯渠同志》,长沙:湖南人民出版社,1985年,第180、181页。

延安《解放日报》1944年1月28日第1版刊登林伯渠等以身作则订出生产节约计划的消息

总司令的儿子)穿的鞋破了,就把鞋送给了朱奇。林老发觉唐亮(即区棠亮,林老的秘书)棉鞋露了脚跟,交给我几元钱,叫我买一双鞋以我的名义送给唐秘书。①

曾在林伯渠身边担任机要秘书的王恩惠回忆:

林老从不宣扬自己。那时,延安曾给几位老同志祝寿,边区政府的同志几次要求给林老祝寿,他总是不同意。他对自己的年龄也保密,几次问他都说是"五十九",后来突然变成了六十九。生日是哪一天,林老也保密。②

1941年前后,由于连续出现了风灾、雹灾等自然灾害,特别是国民党当局屡次对以延安为中心的陕甘宁边区发动反共摩擦事件,皖南事变后,又对陕甘宁边区进行严密的军事和经济封锁,陕甘宁边区出现了严重的经济困难。作为边区政府主席,林伯渠主动响应党中央的号召,积极参加生产运动。

---

① 田夫:《难忘的教诲 深切的怀念——纪念林伯渠同志诞辰一百周年》,中共临澧县委编:《怀念林伯渠同志》,长沙:湖南人民出版社,1985年,第201页。
② 王恩惠:《深切的怀念——回忆在林老身边工作的日子》,中共临澧县委编:《怀念林伯渠同志》,长沙:湖南人民出版社,1985年,第223页。

1944年，林伯渠专门拟定了个人生产节约计划，主要内容是：一、从农业生产上，完成细粮二石交粮食局（用变工合作方法）；二、收集废纸交建设厅；三、自1944年1月25日起戒绝吸外来纸烟；四、今年的棉衣、单衣、衬衣、鞋袜、被褥、手巾、肥皂，完全不要公家供给。这个生产节约计划不仅贴在了陕甘宁边区政府院内，还刊登在1944年1月28日延安《解放日报》头版，主动接受大家的监督。

与此同时，林老还写了一首自题生产节约的诗：

待客开水不装烟，
领得衣被用三年。
淡巴菰一亩公粮缴，
糖萝卜二分私费赡。
施肥锄草自动手，
整旧如新不花钱。
发动男耕和女织，
广辟草莱增良田。
边区子弟多精壮，
变工扎工唐将班。①

按照中央的工作部署，因为要经常赴重庆与国民党当局进行谈判，林伯渠并没有足够的时间在延安，这也影响了他年初制订的生产节约计划的完成。他对此一直念念不忘，再三叮嘱他的警卫员："你们留在家里的，一定要把那块土地种得好好的。"② 1944年11月7日，林伯渠参加重庆谈判后同美国代表

---

① 林伯渠著，周振甫、陈新注释：《林伯渠同志诗选》，北京：中国青年出版社，1980年，第73页。淡巴菰：烟草叶。变工扎工：即变工队、扎工队，都是以工换工的劳动组织。唐将班：以工力换工资的劳动组织。

② 王朗超：《林伯渠主席——人民的勤务员》，《解放日报》1946年1月21日，第2版。

陕甘宁边区政府旧址

赫尔利乘飞机回到延安。到延安的第二天,林伯渠就对秘书王恩惠说:"我今年的生产任务没有完成,请你把我在重庆的生活费节省下来的钱全部上交,当作我今年的生产任务。"①

林伯渠对人民群众的劳动果实一向十分珍惜和尊重,田夫曾深情地回忆道:

> 林老十分尊重劳动人民的辛勤劳动,对一针一线都非常珍惜。林老有一小布口袋,装了一些杂七杂八的小物品,有的是他拾到的小扣子或小布头等。每当林老拾到一件小物品,我们就漫不经心地说俏皮话:今天收获不小,"万

---

① 《林伯渠传》编写组:《林伯渠传》,北京:红旗出版社,1986年,第307、308页。

宝囊"又增添了一份财富了。林老听了总是温和地说："你们这些小鬼呀，不知天高地厚，不懂艰难困苦，没有爱惜物资的观念，哪里知道一针一线来之不易，它们都是劳动人民的劳动果实啊！"①

林伯渠以一名共产党员的标准对自己严格要求，包括在日常生活和家庭教育中率先垂范、严格自律，赢得了大家的尊敬和赞扬。革命老人徐特立由衷地称赞林老是"党员之模范，足以型后辈"②，道出了大家的一致心声。

---

① 田夫：《难忘的教诲 深切的怀念——纪念林伯渠同志诞辰一百周年》，中共临澧县委编：《怀念林伯渠同志》，长沙：湖南人民出版社，1985年，第202页。
② 王首道：《白首壮心松柏操——怀念伟大的革命战士林伯渠同志》，中共临澧县委编：《怀念林伯渠同志》，长沙：湖南人民出版社，1985年，第26页。

"我们共产党人是要革命，不是要讲阔气！"

——董必武

1945年4月21日，毛泽东在延安党的七大预备会上回顾中国共产党的历程时说道："1921年，我们党开第一次代表大会。在12个代表中，现在活着的还是共产党员的（叛变了的如张国焘[①]之流不算），一个是陈潭秋，现在被国民党关在新疆监牢里[②]，一个是董必武，我也是一个。"实际上，当时陈潭秋同志已经牺牲，但由于信息隔绝，毛泽东还不知道这个消息。因此，在具有重要历史意义的党的七大上，参加过中国共产党第一次全国代表大会的会议代表就只有董必武和毛泽东。

董必武是中国共产党的早期党员和领导人之一，延安时期，任中共中央委员，先后在中共中央长江局、南方局负责抗日民族统一战线事宜，长期在南京、武汉、重庆等国统区工作，做出了杰出的贡献，被尊称为"延安五老"[③]之一。

[①] 张国焘（1897—1979），江西萍乡人。1921年参加中国共产党第一次全国代表大会。曾在中共中央、中华苏维埃共和国临时中央政府、中国工农红军中担任过领导职务。长征途中进行分裂党和红军的活动，另立中央，到达陕北后任陕甘宁边区政府副主席、代主席。1938年4月，他乘祭黄帝陵之机逃离陕甘宁边区，经西安到武汉，投入国民党特务集团，成为中国革命的叛徒，随即被开除出党。见中共中央文献研究室：《毛泽东在七大的报告和讲话集》注释8，北京：中央文献出版社，1995年，第247页。

[②] 陈潭秋（1896—1943），湖北黄冈人。中国共产党创建人之一。1939年任中国共产党驻新疆代表和八路军新疆办事处主任。1942年被军阀盛世才逮捕，1943年9月被秘密杀害。由于消息隔绝，毛泽东在报告中还说他"现在被国民党关在新疆监牢里"。见中共中央文献研究室：《毛泽东在七大的报告和讲话集》注释9，北京：中央文献出版社，1995年，第247、248页。

[③] 延安时期，董必武、林伯渠、徐特立、谢觉哉、吴玉章等五位同志被尊称为"延安五老"。朱德1942年7月10日写《游南泥湾》一诗，诗中有"轻车出延安，共载有五老"诗句。

在长期的峥嵘岁月中，董必武在工作和生活中所体现出的良好家风，令人感动不已。

1935年10月，董必武与中共中央和红一方面军长征胜利到达陕北，1937年1月进驻延安，担任中央党校校长，后转入抗大担任学员队政委。1937年9月国共再次合作后，中共中央决定在武汉成立长江沿岸委员会（此后的1937年12月，中央政治局决定成立中共中央长江局，领导南方各省党的工作），以周恩来为书记，董必武为委员，从延安经西安赴武汉开展工作。

由于是去国统区开展上层路线的统战工作，衣着上就得适应在国统区工作的需要，为此，当时担任董必武秘书的邱南章利用在西安停留期间，特意要为董老采购随身"行头"。没想到这次的采购，却令邱南章深受教育。他在回忆文章中写道：

延安时期的董必武

> 1937年秋，董老秘密地从延安到湖北，经西安时要换换装，要打扮得像国民党统治区的绅士模样。当时的绅士，身穿长袍马褂，头戴礼帽。袍褂有丝绸的，有一般布料的。礼帽也分几等，上等的十多元钱一顶。那时有点名望的开明绅士都是穿丝绸长袍马褂，戴上等礼帽，

一般的知识分子大都是戴中等礼帽。我想，董老是我们党的领导人之一，这次出来搞统战工作，要和社会名人打交道，找各民主党派的领导人做工作；有时还要和外国的使者、记者谈话，总得穿戴得像个样子，虽说不要特殊，但起码也得和这些工作对象相配。可是，我上街采购时，董老给我规定：只给他买一顶三块多钱的礼帽，一双最普通的皮鞋。我说：这怎么行呢？共产党不应该比国民党低贱。董老却郑重地说：南章，我们共产党人是要革命，不是要讲阔气。同国民党比，要比革命，比谁是真正为亿万中国人民谋利益，比谁能得到中国劳苦大众的拥护。我们出来每花一分钱，都要想到党中央、毛主席和解放区人民的艰苦生活，想到敌占区人民逃荒要饭的情景。我们也不是要做"长命"绅士，只要扮演一个"舞台"绅士，穿戴得像个绅士样子上台应付应付就行了，下台后谁还穿它呀！买这么好的长袍马褂、礼帽、皮鞋，不是浪费吗？①

日常生活中，董必武从不搞特殊，倡导并坚持厉行节约。邱南章还记述了董必武在武汉中共中央长江局（同时领导八路军驻武汉办事处）工作期间，关于热水壶的一段故事：

董老自己不要任何特殊照顾，更拒绝给予他的家属以任何"特殊"待遇。1938年上半年，董老住在武汉"八办"楼上，身边有个刚满周岁的小孩，常要喝点开水。我看他用点热水，都要上下楼，很不方便，就准备给他买一个热水瓶。董老坚决不让买，还说：南章呀，怎么你的脑子里装的不是解放区人民的生活，而老是盯在我身上呢？我不服气地说：买个热水瓶也花不了几个钱，把你上下楼的时间放在工作上，不是挣回来了吗？董老笑

---

① 邱南章：《人民的公仆——忆董老二三事》，湖北省社会科学院编：《忆董老》（第一辑），武汉：湖北人民出版社，1980年，第189页。

着说：你还有根据啦，好吧，要买就买一个黑铁壶。①

1938年4月，董必武与毛泽东、周恩来等七位代表担任国民参政会参政员②，作为国民参政会中共代表团的成员。按照规定，董必武每个月都能领到300元钱。这笔钱在当时应该是一笔巨款了。可是董必武与其他担任国民参政会参政员的中共代表一起，从未把这笔钱作为个人或家庭使用。相反，日常生活中，即便是在生活环境相对优越的国统区，董必武也是严格要求，绝不乱花一分钱。邱南章回忆：

> 董老是中共代表团的代表，又是我党参加国民参政会的七参政员之一。他身居高位，又是活动在南京、武汉、重庆这样的大都市里，可是他从不利用职权谋取私利，就是规定给他的待遇，他也往往不要，而给自己定了一个低的生活标准。他每月可以领到一笔很可观的参政员的薪俸，他自己不用，都交给了组织。当时，八路军武汉办事处有两辆小汽车，他也很少用。要出外访问、开会，他总是坐一辆人力车（是自用黄包车）。我们工作人员看着很不过意，劝董老说：你还是坐汽车吧，行动快些，坐人力车速度慢，又不安全。再说，到国民党那些大官那里去也怕有不合适。董老总是说：不必啦，我是国民参政员，他们不会把我怎么样，我坐这车去，国民党的大官也不会把我撵出来的，小汽车还是让其他的负责同志用吧。有时董老连人力车也不坐，步行出访，完全置个人安危于度外。
>
> 日常的办公用品和生活用品，董老总是首先想着延安同志们的生活，想着解放区人民的生活，总是从节约出发，要我拣最便宜的买。当时董老

---

① 邱南章：《人民的公仆——忆董老二三事》，湖北省社会科学院编：《忆董老》（第一辑），武汉：湖北人民出版社，1980年，第190页。

② 当时担任国民参政会参政员的中共代表共有七位，分别是毛泽东、王明、秦邦宪、林伯渠、吴玉章、董必武、邓颖超。

担负的工作,极需要有一块手表,以便掌握时间。我刚向董老提出这个建议,董老就不同意。我找了一条理由说:你经常要同国民党官员、民主人士及国际友人开会谈话,没有手表掌握时间会耽误工作的。这样才说服董老同意买一块怀表。这种表又大又响,又叫"火车表",只花了一块多钱。董老很高兴地说:这就很好,反正快慢只要误差不超过半小时就行。有约会时,钟快了我晚点去,钟慢了我早一点去,不就调对了吗?董老办公用的纸、笔、墨,也很注意节约。一张纸正面写满了又用反面写,毛笔写秃了,用剪刀修修再用。董老用的洗脸毛巾是买的又薄又小的,香皂是角把多钱一块的"力士皂"。他从不让我们多花一分钱。他常说:我们要从节约一分钱、一厘钱着手,去为中国人民的解放事业做贡献。在董老身上处处体现了我们党的优良传统。他以身作则,带头艰苦奋斗,为我们做出了学习的榜样。①

董必武夫妇和孩子们的合影

董老对待自己的家属,同样是严格要求。1937年7月,董必武与红军女战士何莲芝结了婚,成为终身伴侣。董必武在重庆期间,何莲芝也在那里协助他工作。他们的女儿董良翚追述道:

---

① 邱南章:《人民的公仆——忆董老二三事》,湖北省社会科学院编:《忆董老》(第一辑),武汉:湖北人民出版社,1980年,第191、192页。

1940年年底，妈妈正怀着我在重庆红岩咀八路军办事处工作。党组织根据当时的形势，决定有组织地安排一批青年干部转移到延安。为了途中更安全方便一些，减少不必要的麻烦，组织上让妈妈利用爸爸国民党参政员的合法身份，带一批干部回延安。当时妈妈即将临产，担负这样的重任，其艰难的程度是可想而知的。但面对困难，妈妈毫不犹豫，没有任何怨言，毅然愉快地接受了任务，带领着同志们上了路。沿途历经颠簸，好不容易来到了西安。1941年1月1日，妈妈在西安的广慈医院里生下了我。

由于送干部的任务十分紧迫，就在我出生的第二天，妈妈就拖着产后虚弱的身体，带领着这批青年干部继续上路。他们乘着遮不住风、挡不住雪的军用卡车，急匆匆地向延安进发。不料，车到铜川，却被国民党军队扣留了。在铜川耽搁了20多天时间。国民党军队既不放行，又不讲明为何扣留。妈妈得不到产后应有的照顾，生活十分艰辛。后来经过多次交涉，在周恩来同志出面强烈要求下，才放行。

我妈妈凭着一个老红军、老党员的坚强意志，拖着虚弱的身体继续北上。一路上，基本的营养品和休息全无保障，加上当时正值隆冬季节，黄土高原上寒风刺骨，当卡车冒着风寒到达延安时，妈妈已浑身浮肿，动弹不得了。妈妈被安排住在宝塔山下的一孔窑洞里，医务人员马上对妈妈做了仔细的身体检查。他们看到这位历经千辛万苦，顶风冒雪来到延安的产妇，脸肿得像脸盆似的，身上穿的沾满风尘的棉衣紧绷绷的，怎么也换不下来，只好用剪刀剪开，才脱下来。脚肿得也是费了好大劲才把鞋脱下来。医生护士无不为妈妈的顽强刚毅的革命精神所感动。①

1941年初，为应对"皖南事变"后国民党顽固派对在重庆的中共南方局

---

① 董良翚：《妈妈生我的时候》，中国延安精神研究会理论研究委员会、中共中央党史研究史党史资料编辑部编：《魂牵梦绕忆延安》，北京：中共党史出版社，1994年，第125、126页。

可能袭击、破坏的突发情况，组织上安排在中共南方局工作的廖似光带一批同志先行返回延安。临行前，廖似光向董必武请示工作。董老对他说：你回到延安后向毛主席汇报，我们在国统区同国民党斗争到底，请组织放心。廖似光知道董老的夫人何莲芝同志和孩子在延安，延安的生活标准相较于重庆来说，是非常低的，就特地询问董必武："您带什么给小孩吗？"董老回答说："没有什么，你就说我很好，叫他们放心，不要惦念我，把工作搞好，把孩子带好。"①

1945年4月，受中共中央委派，董必武以中国共产党代表的身份，作为中国代表团成员之一参加在美国旧金山召开的联合国成立大会，这是中国共产党历史上第一次走出国门，并派正式代表参与联合国事务的重大举措，具有十分重要的意义。

作为中国代表团成员，董必武也收到一笔可观的置装费和生活费、交际费。但他对在美国期间的活动费用，总是精打细算，尽量节省开支。当时，董必武出国所穿的西服，还是从重庆购买的，很不合身。以工作人员身份陪同的章汉夫劝说董必武，出席联合国成立大会这样的国际会议，需要换一套合身的质量稍好的服装。所以在到达纽约的第二天，董必武就拜托华侨日报社的同志帮他选购，认为找自己人办事可靠，他们也了解我们这些人节约惯了，不会买华贵的。商量结果，就在住处附近的一家成衣店花了25美元买了一套西服。这样，就把当时所发的1300美元的服装费节约下1275美元。董必武当时就是穿着这套仅25美元的俭朴服装出席联合国大会及其他的外交活动。②

在美国停留的七个多月中，无论是参加创建联合国大会的全部活动，还是同美国各方面友好人士的交往活动，以及与在美华侨的广泛接触和联谊活动，董必武时时处处体现出中国共产党领导人艰苦朴素的高尚情操和克己奉公的廉

---

① 廖似光：《忆董老在青年、统战工作中的二三事》，湖北省社会科学院编：《忆董老》（第二辑），武汉：湖北人民出版社，1982年，第65页。

② 《董必武传》撰写组：《董必武传（1886—1975）》（上卷），北京：中央文献出版社，2006年，第473、474页。

洁风范。

作为代表团成员，董必武得到的生活费比较丰厚，但他除参加联合国大会的宴会及其他宴请之外，十分注意节省每一笔生活支出，从不到大餐馆用餐，而是由章汉夫、陈家康陪同，常到当地华人街经济实惠的餐馆用餐，或者购买食材拿回住处自己做着吃。在美国工作生活的七个月中，他不仅节约下1240美元的生活费，还节约了200美元的交际费。在美国期间，董必武接到周恩来的来电，中共中央拟在上海筹办党报和通讯社，委托董必武在美国订购相关的印刷器械。董必武便将节省下来的生活费、置装费和交际费共2500多美元，再加上华侨的部分捐款，购买了印刷机、打字机等物品。

1945年，董必武参加在旧金山召开的联合国会议，在《联合国宪章》上签字

在董必武亲自结算的《赴旧金山会议收支账目》中，还将在美的收支情况记录得清清楚楚，一目了然。①

从目前所保存完好的这份收支账目中可看出，收入栏内分别有三项："董捐生活费美金壹仟贰佰陆拾圆整""董捐交际费美金贰佰圆整""董交治装

---

① 《董必武传》撰写组：《董必武传（1886—1975）》（上卷），北京：中央文献出版社，2006年，第473、474页。

费美金壹仟壹佰捌拾圆整"。节省下来的这2 500多美元，他都用来贴补了公用。当时公家有几笔较大的开支：其中一是替国内的《新华日报》购买技术先进的印刷机；二是在董老主持下，由章汉夫、徐永瑛编印了《中国解放区实录》英文版小册子5 000本，借以向世界各国宣传中国解放区的真实情况，揭露和驳斥反动派的造谣污蔑。此外，董必武还用个人节约下来的钱为国内同志买了打字机、留声机和英语唱片等，以满足同志们在工作、学习方面的需要。

在支出栏内，连数目不大的一笔医药费和两笔邮电费，几元几角几分都记得清清楚楚。①

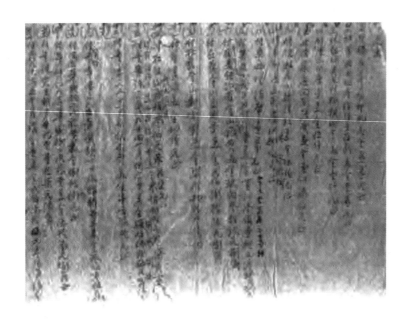

董必武赴旧金山参加联合国会议的收支账目

---

① 牛立志：《伟大出自平凡，精神见于细微——学"准则"，忆董老》，湖北省社会科学院编：《忆董老》（第二辑），武汉：湖北人民出版社，1982年，第169页。

"我虽然不是你们的儿子,但我是个共产党员,是人民的儿子!"

——吴玉章

1946年秋,正是国民党当局逆历史潮流和全国人民和平意愿,针对我各解放区发动全面内战的危急时刻,时任中共代表团驻渝联络代表和中共四川省委书记的吴玉章,突然得知妻子去世的消息,不禁悲从中来,思绪万千!

他想到了自己早年受严复所译的《天演论》等启蒙书籍的影响,先后赴日本、法国留学,并与孙中山等人加入了革命团体同盟会,参加了辛亥革命,曾在孙中山任中华民国临时大总统时任总统府秘书;1925年加入了中国共产党,后赴苏联莫斯科中山大学特别班学习,出任莫斯科东方大学中国部主任,并从事革命活动;1938年受党派遣赴伦敦,参加世界反侵略大会为援助中国抗战而召开的世界和平会议后回国;党的六届六中全会上被选为中央委员,后任鲁迅艺术学院院长、延安大学校长、陕甘宁边区政府文化委员会主任;在1945年召开的党的七大

吴玉章和妻子游丙莲

吴玉章夫妇和女儿春兰、儿子震寰

上再次当选为中央委员,任陕甘宁边区政府文化委员会主任;抗战胜利后,作为中共出席国民党当局主办的政协会议代表赴重庆,后担任中共代表团驻渝联络代表兼四川省委书记,积极为反对国民党发动的内战而斗争。

他想到了自己1896年18岁时与游丙莲成婚,从此恩爱有加。但遗憾的是,由于自己早年就投身于中国革命,两人聚少离多,婚后50年的岁月里,两个人真正在一起的时间竟只有不到6年!

他也想到了自己一直在找机会希望带着晚辈回趟老家,去看望病中的妻子,然而终未成行……

万分悲痛中,吴玉章把自己对妻子的感激、歉意、遗憾、悲伤等情绪与感情,融进了文字,写出了自己心底里的不舍与怀念:

哭吾妻游丙莲[1]

我哭丙莲,我哭你是时代的牺牲品。我们结婚有五十年,我离开你就有四十四年。我为了要打倒帝国主义的压迫、专制政治的压迫、

---

[1] 中共四川省委党史工作委员会《吴玉章传》编写组:《吴玉章文集》(下册),重庆:重庆出版社,1987年,第1207、1208页。

社会生活的压迫,在1903年正月,离开家庭到日本,随即参加革命。家中小儿女啼饥号寒,专赖你苦撑苦挣。虽然无米无盐,还要煮水烹茶,使炊烟不断,以免玷辱家门。由于你的克勤克俭,使儿女得以长成,家庭免于贫困。满以为革命功成,将和你家园团聚,乐享太平。料不到四十年来,中国的革命前途虽然走上光明,而迂回曲折,还有一段艰苦的路程。你既未能享受旧时代的幸福,又未能享受新时代的光荣。今别我而长逝,成了时代的牺牲品,能不令人伤心。

我哭丙莲,我哭你为我养育了一个好女儿①,受到人人尊敬。她中年丧了丈夫,受人欺凌,艰苦奋斗,不愧贤能。终能克服重重灾难,使六个儿女得以长成。更可贵的是她帮助你操持家务,常在你左右,使你这零丁孤苦之人得到安慰,使我这天涯海角之人得到安心。现在使你形影相依的女儿,失掉了慈爱的母亲。

我哭丙莲,我哭你为我养育了一个好儿子②,学会了水电工程。他十七岁离开你,二十年在外,使你时刻忧心,他秉承了我们勤苦耿介的天性,和为人服务的精神。他有磨而不磷、涅而不缁的操守,不贪污腐化而为社会的罪人。十八岁赴法国留学,毕业后就在法国水电工厂服务八年,苏联国家计划局服务四年,都得到了好评。他为祖国的神圣抗日战争归来,因日寇封锁,机器不能输进,就谋自力更生。他自己设计、以本国器材建成了长寿的水电工程。国营事业的获利,常常是这工厂占第一名。他忙于为国家人民的事业,未能早侍奉你病弱之身,使你得享退龄,这不能不使他抱终天之恨。

我本是一个革命的家庭。我二哥因为倒袁世凯的二次革命失败,悲愤自缢而牺牲。我大哥因为大革命而牺牲。这种种不幸,犹赖你能安慰寡嫂、

---

① 吴玉章女儿吴春兰,1898年出生。
② 吴玉章儿子吴震寰,1900年出生。早年去法国勤工俭学,1938年回国后在四川先后任水电站、发电厂工程师,不幸于1949年去世。

团结侄辈，使家庭和顺、生齿繁荣。你待人忠厚、做事谨慎，使亲友称誉，得到人人的欢心。你不愧为贤妻良母的典型。

今年六月，我闻你重病，本想率儿媳及孙儿女辈回家一省，使一家人得一团圆，以安慰你多年渴望之心，却因我为公务羁身，环境所迫，不能如愿而行。只得命陵儿①买药归来，寻医治病。后闻病势经过平稳，方以为安心调养，必能获得安宁。不幸噩耗传来，你竟舍我而长逝，能不痛心。

亲爱的丙莲，我们永别了！我不敢哭，我不能哭，我不愿哭。因为我中华民族的优秀的儿女牺牲得太多了！哭不能了事，哭无益于事，还因为我们虽然战胜了日寇、法西斯蒂，而今天我们受新的帝国主义和新的法西斯蒂的压迫更甚。国权丧失，外货充斥，工商倒闭，民不聊生。而内战烽火遍地，满目疮痍，我何敢以儿女私情，松懈我救国救民的神圣责任。我只有以不屈不挠、再接再厉之精神，团结我千百万优秀的革命儿女，打倒新的帝国主义、新的法西斯蒂，建成一个独立、自由、民主、统一和繁荣的新中国。丙莲！安息吧！最后的胜利，一定属于广大的人民。

吴玉章哀悼
一九四六年十月二十四日

从以上率性铺排、饱含感情的话语中，不难看出吴玉章是用一泄而下、不事剪裁的文字淋漓尽致地表达了对亡妻的缱绻不舍和深切的悼念。作为一个有着坚定信仰的革命者，吴玉章早已把自己的一切乃至家庭幸福置之度外，全身心服务于中国革命和中国共产党所领导的伟大事业。作为中国共产党优秀的一分子，为了最广大人民群众的根本利益，为了千千万万个人民群众的家庭幸福，吴玉章义无反顾地放弃了家庭团圆，牺牲了个人家庭的幸福。

1946年夏，正在重庆代表中国共产党与国民党当局进行谈判的吴玉章，

---

① 陵儿，指吴震寰，号宗陵，吴玉章的儿子。

从中共代表团驻地收到一封信，是由河南寄来的。拆开一看，抬头是"玉章吾儿……"的字样，信写得很凄苦，大意是说，玉章儿你被抓壮丁之后，一直没有音讯，家中失去了主要劳动力，下面的弟妹小，又死了耕牛，家人难以过活。最近听人说你在外面做了"大官"，这才托人写信，请赶快寄钱回家维持生活，最好多寄一点，好作为家人到重庆来的路费。显然，这是把一个和吴玉章同名人的信误寄到他这里了，因为他的父母早已去世多年。

吴玉章在延安做报告

尽管如此，吴玉章读了此信后仍思绪万千，怎么也睡不着。他叫来警卫员，仔细地算了下自己这个月的伙食余款，再加上身边的零用钱，准备一起寄到河南去。凑齐钱以后，他又坐下来写了一封信。信中说，你们通过重庆《新华日报》转来的信已收到了。你们两位老人看了不要生气，因为你们找到了我，我这个吴玉章已经是60多岁的人了，实在不是你们的儿子。请你们不要悲伤，不要着急。因为你们抚养的儿子参加了抗日战争，八年抗战有很多人流血牺牲，但抗战终于胜利了，流血牺牲也就有了代价。当抗日军人的父母是光荣的，胜利了的人民也有责任赡养你们，照顾你们。吴玉章在信中还称他们为"人民的父母"。他说，我虽然不是你们的儿子，但我是个共产党员，是人民的儿子。你们为抗日胜利付出了代价，我应该感谢你们。我在重庆不是在当官，只是代表人民的利益在工作。现在人民要求和平，不愿再打内战，我就是在为争取和平而奋斗。我相信只要避免内战，实现和平建国，你们的儿子是可能找到的。老百姓的生活是会渐渐好起来的。寄上点钱，暂时解决两位老人的困难，以后再有困难，可就近找我们的同志帮忙，信中还告诉了两位老人我党在河南的一个办事地点。①

作为肩负重任，在艰苦的工作环境中日理万机的中共代表，吴玉章对于这封误寄给自己的信件，没有简单地退回了事，更没有弃之不理，而是认真

延安《新中华报》1940年1月24日第4版刊发庆祝吴玉章六十寿辰的报道

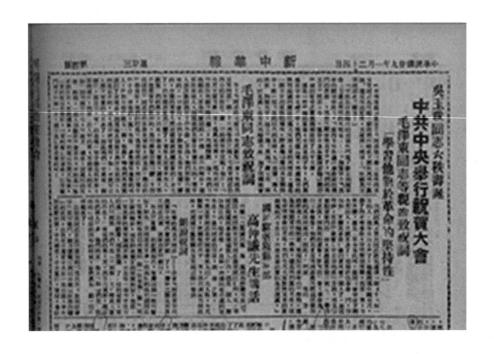

---

① 张民、曹志为：《一代领袖的家风》，杭州：浙江人民出版社，1990年，第236、237页。

地给对方回了信,并在回信中宽慰他们,向他们表达作为抗日军人父母"是光荣的",他们也是"人民的父母"。从吴玉章对素不相识的普通抗战家属的无私资助,及其所表达出的真挚情感中,我们不难看出,中国共产党人作为革命的先锋战士,作为中华民族的优秀分子,他们同样有着家的情怀,有着对家人的眷恋,更有着体现延安时代高尚情怀的对于最广大人民群众所体现出来的良好家风,这其中的原因无他,乃是因为他作为"中国革命的老前辈,是中国共产党的老布尔塞维克",他有着"对党对人民解放事业的忠诚"——这也正是吴玉章在60岁生日来临时,中共中央所致贺词中的评价之语。

1940年1月15日,是吴玉章60岁生日。中共中央为了庆祝革命老人吴玉章六十大寿,专门发来了热情洋溢的祝寿函,其中这样写道:

> 你是中国革命的老前辈,是中国共产党的老布尔塞维克,你对党对人民解放事业的忠诚,你的崇高的人格,你的高尚的革命道德,你对同志对人民真诚的热爱,你的艰苦耐劳认真切实的作风,你的谦逊和蔼的态度,将永远成为所有共产党员和革命青年的模范。你的事业,就是中国革命和人类解放事业,这个伟大的事业是一定会在全中国和全世界胜利的。①

不难看出,正是有了吴玉章这样优秀的中国共产党人,始终把党和人民的利益放在首位,鞠躬尽瘁,勇往直前,在艰苦卓绝的革命岁月中放弃自我享受,牺牲个人利益,舍小家为大家,才集聚起蓬勃的革命力量,并在广大人民群众的拥护和支持下,最终赢得了民族解放和新民主主义革命的胜利,为新中国的发展繁荣奠定了坚实的基础。也因此,他们永远值得我们尊敬!他们所留下的宝贵精神财富,永远值得今天的人们学习与弘扬!

---

① 《中共中央致函祝贺吴玉章60大寿》(1940年1月15日),《新中华报》1940年1月17日,第1版。

> "我爱自己的家庭,爱自己的妻室儿女,但国家的问题还没有解决,革命还没有成功,国破家安在?"

——徐特立

毛泽东、徐特立在陕北瓦窑堡合影

徐特立是毛泽东在湖南省立第四师范学校和第一师范学校读书时的老师。1927年,蒋介石背叛革命,发动了"四一二"反革命政变。在白色恐怖下的危难时刻,51岁的徐特立在革命最低潮的血雨腥风中毅然申请加入了中国共产党,后来还与中国工农红军一起,参加了著名的二万五千里长征。1935年12月长征到达陕北后,他随中共中央移驻瓦窑堡,任中华苏维埃人民共和国临时中央政府西北办事处教育部部长。据当时在徐特立身边工作过的人员回忆,那个时候每周毛主席都来看徐老,称呼徐老为徐老先生。徐老当时穿着很破旧,晚上只有一条破毛毯取暖。毛主席叫总务科的黄祖炎同志给徐老做了新皮袄和新被子送来。徐老把这些东西送到医院,说伤病员更需要,仍旧穿着他破旧的衣服和盖着那条破毛毯驱寒。后来毛泽东在保安红军大学讲课时提到这件事，深有感触地说"徐老先生，从来都是只为别人，不为自己"。①

被毛泽东评价为"从来都是只为别人，不为自己"的徐特立，在延安时期处理工作与家庭等关系上，同样是把革命放在第一，把工作放在第一，把他人放在第一，并以自身良好的家风，为全党做出了表率。

1937年2月1日，为庆祝革命老人徐特立的六十大寿，中共中央专门在延安的天主教堂举行了祝寿会。会场的布置虽然简单，但在粗制木桌上特意铺上了红布，再加上提前准备的花生、红枣在桌上堆成一个个小堆，还备有白干酒作为寿酒，就显得非常热闹而喜庆。毛泽东与很多中央领导同志及延安的党政军负责干部都参加了祝寿会。

祝寿会上，大家纷纷发言，向徐特立表达祝贺和敬意。邓颖超在大会发言中，特别强调指出徐特立对夫人徐师母的爱情始终不渝，他的高尚品德是我们共产党人的典范。徐特立听后十分激动，即席说了一段话："我自辛亥革命前，即进城办教育，把妻室儿女留在农村，后来离开家乡到法国留学，接着回国参加革命，至今十余年来，与家庭隔绝，不通音讯，这都是反动派的压迫所致。我是一个有血、有肉、有情感的人。我爱自己的家庭，爱自己的妻室儿女，但国家的问题还没有解决，革命还没有成功，国破家安在？我因为长期不和妻子在一起，留法勤工俭学的时候，有人给我介绍女朋友，后来在苏联，在江西苏区，也曾有人提过这种事。但我的妻子是一个童养媳，没有文化，从小与我患难与共。我一直在外从事教育和革命，她在家里抚养儿女，还兼劳动兼办学，她支持了我的事业，也成全了我的事业。我一生提倡妇女解放，我假如丢弃了她，岂不又增加了一个受苦难的妇女？"到会的同志听了，无不为之感动。②

---

① 王志匀：《回忆徐特立与毛泽东的师生情》，《徐特立研究》，1995年第3期。
② 李坚真、徐乾口述，陈志明执笔：《徐特立传》，长沙：湖南人民出版社，1984年，第121页。

徐特立与妻子熊立诚

徐特立的妻子名叫熊立诚,是徐特立伯祖母为他所娶的童养媳,比徐特立小11个月。熊立诚勤劳肯干,侍奉祖母殷勤周到,与徐特立和睦友爱,感情深厚。

徐特立早年在长沙办学,一直把家安置在农村,以节省开支和专心治校。徐特立很爱自己的家庭,疼爱自己的儿女,1927年长沙"马日事变"①后,徐特立准备动身去武汉。在反动派的刀光剑影中,他行前仍秘密回家看望了妻子和两个孩子。1927年至1937年,他长达十年未能与家中通信息。从1940年开始,他又与妻子分离,直到1949年新中国成立以后才团聚。虽然为了工作要牺牲与妻子的天伦之乐,牺牲对家人的照顾,与家人天各一方,但徐特立对家人的眷恋与感情,始终诚挚笃厚。1940年秋天,徐特立在写给董必武的诗中说:"妻老孙孤弱,长沙我有家。寄书长不达,传说被搜查。报国何年迈,思乡觉路赊。尺书望转寄,藉以慰天涯。"②读来令人感动。

---

① 1927年5月21日,由原直系军阀部队改编的国民革命军第35军第33团团长许克祥,在长沙发动反革命叛乱,捕杀共产党员和革命群众,使长沙笼罩在白色恐怖之中。因21日的电报代日韵目为"马"字,所以当天发生的事变被称为"马日事变"。

② 徐乾:《难忘的教诲 深切的怀念——纪念徐特立同志诞生102周年》,湖南省长沙师范学校编:《怀念徐特立同志》,长沙:湖南人民出版社,1979年,第108页。

徐特立有两个儿子，大儿子徐笃本是中共党员，1927年在湖南军阀何健策动的"马日事变"中壮烈牺牲。1937年"七七事变"发生后，许多有志青年纷纷奔赴延安，抗战报国。徐特立的次子徐厚本也一心去延安，儿媳刘萃英知道后，也坚决要求同往。这时候徐特立刚回到老家，见到了阔别十年的家人，妻子本来想这下终于可以合家欢聚了，没想到儿子和儿媳又提出要去延安参加革命，一时思想上想不通。徐特立便给妻子做工作，风趣地说："何谓丈夫？丈夫就是一丈远，丈夫和媳妇是不能离开一丈远的，应该让他们一起去。"妻子终于同意了，随后儿子和儿媳一路同行，最终抵达了延安，进入陕北公学学习。①

1938年夏，徐厚本及刘萃英从陕北公学毕业后分配回湖南工作。谁料途中徐厚本染病，回长沙后病情严重，不幸去世。徐特立的两个儿子都先后为中国革命光荣牺牲，仅留下两个女儿和一个孙女。为了不让妻子伤心，徐特立强忍悲痛，特地嘱咐亲友，万不可向妻子透露厚本去世的真情，只说厚本已出国至苏联学习，以免妻子过于悲伤，损害身心。徐特立还做儿媳刘萃英的思想工作，教育她继续革命，说她年轻，让她另找爱人。刘萃英忍着失去丈夫的悲痛，同时为了照顾徐特立的生活，坚持留在延安并担任徐特立的秘书，此后又改名徐乾，变媳妇身份为女儿身份，无微不至地照顾着徐特立的生活。②

徐乾后来回忆起当时的心路历程，令人在感佩之余，也倍觉温馨：

徐老唯一留下的一个儿子又失去了，这是多么沉重的打击。但坚强的徐老用加倍的工作，来寄托自己的忧思。那时我参加革命的时间还不长，还不完全懂得革命的意义，只想到老人家六十多岁了，还这么辛苦劳累地工作着，从不注意自己的生活。于是我就决心服从党组织的安排，到他身边去工作，去照顾他老人家。到了徐老的身边后，他要求我极严格，教

---

①② 陈志凌：《中共党史人物传精选本》（9），北京：人民日报出版社、中央文献出版社，2001年，第304页。

我学文化,教我懂得革命的意义,教我怎样做人。我终生都不会忘记他的教诲。①

徐乾还描述了在延安发生的一件感人而难忘的事:

一九四七年春,胡宗南进攻延安。我们在撤离的前几天,毛泽东同志来到杨家岭徐老住的窑洞,叫徐老早一步走,问徐老需要什么东西。我想着为照顾老人在路上喝点热水,就脱口而出向他要一个热水瓶。毛泽东同志笑着点点头。他走后,徐老很生气,批评我说:"毛主席很辛苦,又在斗争最前线,更加需要,我要什么热水瓶呢?"我在老人身边挨批评,这是头一次,而且那么严厉,我既后悔又感到有点委屈。不一会儿,毛泽东同志亲自捧着一个热水瓶来了。我说:"我不要这个热水瓶了,我不懂事,老人家批评我了。"我毫无拘束地向他说出了自己的心里话。毛泽东同志一听,笑了,说:"你对嘛,应该很好地照顾老人。"毛泽东同志怕徐老不接受,又进窑洞对徐老说:"你批评她,我还要表扬表扬她哩。"毛泽东同志这样爱护徐老,我不禁流下热泪。他还特别嘱咐徐老:"年纪大了,沿途要骑牲口,少走点路。"因为毛泽东同志知道在长征时,徐老总是把马让给体弱多病的同志骑,自己走路,所以嘱咐了又嘱咐。这是领袖对老干部的感情,是同志对同志的感情,是革命师生之间的感情呵!②

延安时期,徐特立曾担任延安自然科学院院长,建院初期,条件很艰苦,后勤部门按规定安排他单独住一个窑洞,徐特立却说:"大家住得都很挤,为

---

① 徐乾:《难忘的教诲 深切的怀念——纪念徐特立同志诞生102周年》,湖南省长沙师范学校编:《怀念徐特立同志》,长沙:湖南人民出版社,1979年,第108、109页。
② 徐乾:《难忘的教诲 深切的怀念——纪念徐特立同志诞生102周年》,湖南省长沙师范学校编:《怀念徐特立同志》,长沙:湖南人民出版社,1979年,第114、115页。

什么让我一个人住呢？"一定要与另外两位青年教师一起住，三人同睡一个炕。晚上办公，看书学习，他本可以单独用一盏灯，但为了节省油，也一定要三个人共用一盏小豆油灯。①

徐特立在延安

1941年皖南事变后，国民党顽固派加强了对以延安为中心的抗日革命根据地的包围和封锁，徐特立响应党中央和边区政府的号召，积极参加生产劳动，自力更生，克服严重的经济困难。他亲自种植蔬菜，从而节省下公家给他的伙食费，把三个月的供给作四个月使用，尽量减少公家的开支。按规定，组织上给他配有马匹，但徐特立外出开会、讲演，总是靠步行往返于北门杨家岭和南门参议会之间。②徐特立桌子上的桌布，也是自己用旧被单做成的；窗子上还挂了用旧东西做的窗帘。③

1946年冬天，时任绥德地委书记的杨和亭与徐特立共同相处了一个月左右，徐特立严于律己的精神令他感动。那时由于生活很苦，徐特立对自己的要求非常严格，虽然70岁了，却谢绝组织上的任何照顾，一定要和别的同志过一样的生活。由于粮食缺乏，通常要以黑豆为主粮，他牙齿不好，吃黑豆

---

① 夏光伟：《在徐老身边工作是幸福的》，湖南省长沙师范学校编：《怀念徐特立同志》，长沙：湖南人民出版社，1979年，第56页。
② 陈志凌：《中共党史人物传精选本》（9），北京：人民日报出版社、中央文献出版社，2001年，第311页。
③ 熊瑾玎：《他的一生就是一部教科书——忆革命老人徐特立》，湖南省长沙师范学校编：《怀念徐特立同志》，长沙：湖南人民出版社，1979年，第85页。

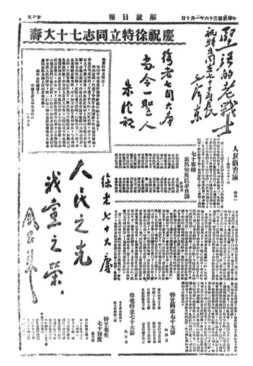

《解放日报》1947年1月10日祝寿专刊

时口腔常常磨出血泡，杨和亭从芦苇席上撕下一块小片片，为他挑过好几次血泡。杨和亭很是心疼，多次要求用细粮给他做软的饭菜，都被徐特立拒绝了。不仅如此，徐特立还把组织上分配给他的补品送给周围的同志。①

1947年1月10日，中共中央为徐特立七十大寿发去祝寿词。祝寿词中饱含感情地写道：

你的道路，代表了中国革命知识分子的最优秀传统。你是热爱光明的，你为了求光明，百折不挠，在五十岁上加入了中国共产党。你对于民族和人民的事业抱有无限忠诚，在敌人面前，你坚持着不妥协不动摇的大无畏精神，你的充沛的热情，使懦夫为之低头，反动派为之失色。你是密切联系群众的，你的知识是和工农相结合、生产相结合的，你把群众当作先生，群众把你当作朋友。你对自己是学而不厌，你对别人是诲人不倦，这个品质使你成为中国杰出的革命教育家。你痛恨官僚主义和铺张浪费，你的朴

---

① 江来登、孙光贵：《徐特立人生轨迹及教育思想发展研究》，长沙：湖南人民出版社，2009年，第268、269、270页。

素勤奋七十年如一日,这个品质使你成为全党自我牺牲和艰苦奋斗作风的模范。你的这一切优良品质是全党同志和全国人民的骄傲,把你的这一切优良品质发扬光大是全党同志和全国人民的革命任务。[①]

1937年初,为庆贺徐特立六十大寿,毛泽东还专门给徐老写了一封祝寿信,毛泽东谦虚而诚恳地说:"你是我二十年前的先生,你现在仍然是我的先生,你将来必定还是我的先生。"在信中,毛泽东盛赞徐老崇高的革命品格,说徐老是"革命第一,工作第一,他人第一!"[②]这无疑是对徐特立最好,也是最高的评价!

[①]《庆祝徐特立同志七十大寿》,《解放日报》1947年1月10日,第3版。
[②] 中共中央文献研究室:《毛泽东书信选集》,北京:中央文献出版社,2003年,第86页。

"来延安不是为了挣钱养家,而是要下定决心干一辈子革命。"

——谢觉哉

1943年5月1日,是革命老人、陕甘宁边区政府副主席谢觉哉60岁生日。这一天,有记日记习惯的谢觉哉写了一篇《六十自讼》,顾名思义,是利用60岁生日的机会,对自己还存在的缺点和不足做认真的反思,严肃地剖析自己的思想。

这篇《六十自讼》共一千余字。行文开始,谢老就直抒胸臆:

谢觉哉在延安

站在今天的我,来检查我过去的六十年,很荣幸也很惭愧。荣幸的是生在中国历史的大转折点——由封建社会而资本主义性的革命而无产阶级领导的新民主主义革命,我居然没落伍,赶上了历史,做了最前进的共产党党员。

…………

如何又说很惭愧?革命是件天大的事,依靠大众,依靠参加革命的各个分子,分子努力多一分,革命力量就增一分。我具有中等资质,但学到的能耐,非常有限。学问呢,不仅没有实际知识,就是旧学问也是东涂西抹,没有系统;事业呢,没有可言,有也是因人成事。文字呢,笔杆子拿了几十年,只能说有很小的成就。①

谢老回顾了自己参加革命的历程,更多的是提及自己的不足。"惭愧的是入党将十八年。有充分的时间和丰富的事实,有党的光辉的主义与领导,应该大有成就。""革命要求我贡献一切,要求我尽一切可能,而我贡献的却太渺小""革命要能力也要体力",他甚至遗憾自己的身体不够强壮。文章最后,谢觉哉真诚地表示:"行年六十,也应该设法弥补五十九年以前的缺点,能够对党有较多的贡献,这就是我今后的打算"。②

谢觉哉的《六十自讼》在我们今天读来,依然能感觉到字里行间所表达出的走出旧社会、走向新社会的幸运,以及对自己参加革命后没能做出更大贡献的遗憾和反思。从这个小小的细节,足以看出谢觉哉自我要求之高、之严苛。

谢觉哉是参加了二万五千里长征的党内几位德高望重的老同志之一。1937年国共实现第二次合作后,遵照中央的安排,谢觉哉在兰州八路军办事处担任党代表,在开展统一战线、营救西路军人员等方面做了大量卓有成效的工作。1939年底他回到延安,先后担任中央党校副校长、中共西北局副书记、陕甘宁边区参议会副议长等职务。

由于始终处于严酷的工作环境,并且生活艰苦,谢觉哉的身体受到了很大伤害,非常虚弱。组织上决定让他去延安西北郊的枣园休养。此后两三年的休养期内,他名义上处在半休息状态,实际却依然带病坚持工作。谢觉哉主动参加很多例会,如政府党团会、政务会议、政府委员会、参议会常驻会等,许多会议还要他讲话,有时还要写文件和文章。如《县参议会怎样工作》《乡市参议会怎样工作》《关于参议会的经常工作》《边区、县参议会常驻会的工作》

---

① 谢觉哉:《谢觉哉日记》(上卷),人民出版社,1984年,第454、455页。
② 谢觉哉:《谢觉哉日记》(上卷),人民出版社,1984年,第454、458页。

陕甘宁边区政府参议会旧址

等，都是他在休养期间亲自撰写，用以指导各级参议会工作。为了帮助克服经济困难，他曾经用很大精力研究食盐外运问题，养病期间写出了长达数万言的专题报告，受到党中央和毛泽东的重视。

谢觉哉的妻子王定国也是一名红军老战士，参加了举世瞩目的二万五千里长征，1937年与谢觉哉在兰州八路军办事处结成了革命伴侣，并在办事处从事行政事务和生活管理工作。王定国1940年回到延安，在中央党校学习结业后，先后在陕甘宁边区政府、陕甘宁参议会做行政管理工作。大生产运动中，谢觉哉、王定国所在的边区参议会也成立了生产小组，大家通过开荒种粮食、种菜，养家禽，都获得了丰收。王定国种的白菜有的一棵重16斤，茄子有大碗那么大，养的猪重200多斤，鸡鸭成群。由于成绩突出，王定国还被评为劳动模范，出席了边区的劳模大会。①

在谢老身边工作的高世文对谢觉哉严格的律己作风印象深刻，他回忆道：

> 一九四○年，这是我在谢老身边度过的第一个冬天。陕北的严冬是极其寒冷的。我见谢老办公不时打寒颤，就多烧一点木炭，使窑洞暖和一些。可是，每当炭火烧得通红通红、使人觉得热乎乎时，谢老便把一部分红木炭夹出来，用水泼灭，并对我讲细水长流的道理，说革命是长期的，现在困难很多，我们多节约一点，就能多为党减轻一分困难。②

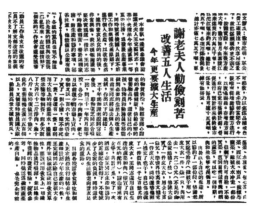

延安《解放日报》1943年1月28日第2版：《谢老夫人勤俭刻苦，改善五人生活，今年更要扩大生产》

大生产运动中，谢觉哉与妻子王定国并没有因为年龄和身体原因搞特殊化，相反，他们还用自己的实际行动，发挥出共产党人的模范带头作用。

在1944年2月4日的日记中，谢觉哉记下了他的生产节约计划：

> 上午常住会生产小组开会订计划，计生产

---

① 王定国：《后乐先忧斯世事：我的回忆》，北京：人民出版社，1994年，第72页。
② 高世文：《在谢老身边三十年》，中共宁乡县委员会编：《怀念谢觉哉同志》，长沙：湖南人民出版社，1980年，第206页。

合细粮二十五石多，节约合二十八石多。

我也订了个计划：

1. 建议总务处设公马，我的两匹马加入。估计我全年用马日子至多不会超过两个月，其余十个月可作生产用。一马年需细粮十四石，约可节约细粮二十石。
2. 每月十盒待客纸烟不要，可节约现值四万元，合细粮二石。
3. 除衬衣外，衣服、鞋子、被单不领。
4. 种地一分——西红柿二十株，茄子二十株，秋白菜百棵，约值五千元。
5. 晒腌小菜百斤，每斤购洋一百五十元，合一万五千元。①

在谢觉哉和妻子王定国的共同努力下，这个生产节约计划在年末的时候得以超额完成。王定国1943年从种菜及养猪、鸡、鸭等副业生产收入中还拿出十分之二交公、拥军，其余的补助家用，扩大了自给比例，缩小了供给比例，节约了政府财政开支。②

延安时期两度在谢觉哉领导下工作（先在中央党校校务部，抗战胜利后又调到陕甘宁边区政府行政处）的岳嵩回忆：

谢老对别人关怀备至，对自己却从不要求组织有任何额外照顾。他老生活简朴，律己甚严，也不准家属子女有什么特殊。有次他的小孩子来机关小灶食堂玩，遇到开饭时间，管理员想留下孩子吃餐"小灶"，他不同意，马上打发孩子回家。又一次，警卫员见他的衬衣破旧了，按规定替他去行政处领了件新的老布衬衣，他知道后立即退回，把破旧衬衣补了再穿。大家都赞叹地说："谢老真是个革命老人啊！"③

---

① 谢觉哉：《谢觉哉日记》（上卷），北京：人民出版社，1984年，第570、571页。
② 吴良珂：《回忆林伯渠李维汉谢觉哉在陕甘宁边区时的优良作风》，西北五省区编纂领导小组编：《陕甘宁边区抗日民主根据地》（回忆录卷），北京：中共党史资料出版社，1990年，第497页。
③ 岳嵩：《党的工作的模范领导者》，中共宁乡县委员会编：《怀念谢觉哉同志》，长沙：湖南人民出版社，1980年，第60页。

谢觉哉与何叔衡①既是同乡、同学，是至好的朋友，又是一起共同战斗的革命同志。1935年2月何叔衡在与敌人的战斗中，不幸壮烈牺牲。谢老对待何叔衡的两个孩子何实山、何实嗣如同自己的亲生女儿一样，政治上关怀，工作上指导，生活上爱护。多年以后，何实山、何实嗣姐妹俩深情地回忆道：

> 一九三八年一月，实山、陈刚②跟毛泽民等同志一道去新疆开展抗日民族统一战线工作，路过兰州。谢老正担任党中央驻兰州办事处的代表，他向全体去新疆的同志介绍情况后，又以父亲般的身份，单独接见了实山和陈刚，语重心长地告诫说：你们要看到去新疆工作的艰苦性，那里是沙漠地区。你们长期生活在内地，生活习惯可能不适应，这不要紧，慢慢会适应的。更重要的是，那里是我国的少数民族地区，去进行统一战线工作，情况可能更复杂一些，要把困难想多一点，这样对开展工作有利。由于谢老的帮助和嘱咐，后来实山比较好地完成了党交给的工作。
>
> 一九四〇年五月，实嗣从重庆到延安。在实嗣即将去参加征粮团的工作时，谢老把她叫到身边，反复地叮嘱说："你刚从大城市来到延安，又是从南方敌占区到陕甘宁边区的。环境发生了变化，你要好好地向边区人民学习，要好好地为党工作，特别要准备吃苦，要接受党对你的新考验。"并说："要联系群众，要学会做群众工作。"还特别嘱咐实嗣"要坚决执行边区政府制定的政策，用政策去发动群众，这样才能完成任务"。临别时，谢老还风趣地对她说："如果回来带了一身虱子，就说明你的工作做

---

① 何叔衡（1876—1935），湖南宁乡人。早年参加革命，1921年作为中共一大正式代表出席党的一大。会后任中共湘区委员会委员等职务，开展革命工作。1928年赴莫斯科中山大学学习，1930年回国，任共产国际救济总会和全国互济会主要负责人。1931年11月到中央苏区，与毛泽东、谢觉哉等参加了中央工农政府的领导工作。1934年10月中央红军主力长征后，留在中央根据地坚持游击斗争。1935年2月24日，从江西转移福建途中，在长汀突围战斗中壮烈牺牲。

② 陈刚（1906—1967），四川富顺人。何实山的爱人，1927年加入中国共产党，长期从事革命工作，延安时期任中央白区工作委员会干部部负责人，党的七大代表，后赴东北工作。

好了。"征粮工作结束后，实嗣回到延安。谢老听人说，实嗣在工作中干得不错，感到很高兴，见面第一句话就是问："实嗣，带蚤子回么！"引得大家都笑了起来。①

谢觉哉对待自己的子女，同样要求严格。1937年初，谢觉哉在老家所生的儿子谢放背着简单的行李，只身离开老家湖南宁乡县（今湖南宁乡市），于当年5月来到延安并在抗大学习。谢觉哉见谢放也参加到革命队伍中来，非常高兴，同时告诫他说：来延安不是为了挣钱养家，而是要下定决心干一辈子革命，要具有全心全意为人民服务的思想。谢放后来感慨地回顾起他正是在父亲的教诲下，从延安开始迈出了人生有意义的一步：

> 我是个从小在南方农村长大的青年，过惯了散漫的生活，刚开始不但适应不了陕北的生活习惯，而且对严明的纪律和严格的工作要求也都缺乏认识。一次，我到父亲的住处去谈思想，我说："环境和生活条件都不如我想象的，我不好怎么办？谁知真正干革命有这么难。"父亲严肃地对我说："你要经常保持积极性，阻力、不谅解、碰钉子是对你的磨炼。革命没有顺利的事，很顺利又何必要你呢？"父亲又说："宴安、享乐，没有人来责备，环境顺利是消蚀积极性的，这在无远见与无修养之人，容易被卷进去。"父亲还说："革命是考验人的。一个人是真革命，还是假革命，主要不是看嘴上的表白，而要看实际行动。你现在还不能说是一个真正的革命者。一个真正的革命者，不但要经受艰难环境的考验，而且要到生死关头去考验。并且还不能只考验一次，革命天天都在考验人。"接着，父亲回忆起长征时的战斗生活，告诉我要向长征路上英勇牺牲的同志学习，要向那些经过长征考验、现在还在继续流血流汗的同志学习。②

---

① 何实山、何实嗣：《谢老和我们的父亲》，中共宁乡县委员会编：《怀念谢觉哉同志》，长沙：湖南人民出版社，1980年，第170、171页。

② 谢放：《父亲教我干革命》，中共宁乡县委员会编：《怀念谢觉哉同志》，长沙：湖南人民出版社，1980年，第198、199页。

1944年10月,党中央和中央军委决定由王震、王首道率领三五九旅一部和中央机关部分干部,从延安出发,南下开辟新的革命根据地。谢放感到这是父亲常说的"到生死关头去考验"的好机会,便一面向单位领导提出请求,怕单位不同意,还恳请父亲谢觉哉为他写封推荐信。谢觉哉完全支持他的行动,谢放参加南下支队的申请也很快得到了组织的批准。

　　临行前,谢放向父亲告别,谢觉哉满怀深情地在谢放的手册上题了十二个字——不惧、会想、能群、守纪、勤学、强身,并语重心长地说:"江南千千万万群众在盼望着去解放他们,我们曾经在那些地方战斗过。这回党中央和毛主席决定派部队去建立根据地,任务很艰巨,付出的代价也将会是相当大的。"谢觉哉勉励谢放,越是在艰难的环境中越要努力学习:我们肩负着革命的重担,不可不学,没有时间,挤;学不进去,钻;学了要用,从实际出发,像毛泽东同志用马列主义真理同中国革命实际相结合一样,正确解决我们工作中的各种问题。谢觉哉抚摸着谢放的肩膀深情地嘱咐:"希望你具备为民族为阶级而献身的精神,去完成党所交给的任务。"[①]

　　谢放南下期间,谢觉哉一直牵挂着他的情况,当获悉谢放经受住实际斗争的考验,各方面都表现很好时,便高兴地给谢放写了封鼓励信,其中还赋诗一首:

　　　　念尔征途远,经年未得书。
　　　　初投班子笔,曾绝太真裾。
　　　　饥病一呼起,枪囊万里俱。
　　　　这番经历后,甘苦竟何如。[②]

[①] 谢放:《父亲教我干革命》,中共宁乡县委员会编:《怀念谢觉哉同志》,长沙:湖南人民出版社,1980年,第198、199页。

[②] 谢放:《父亲教我干革命》,中共宁乡县委员会编:《怀念谢觉哉同志》,长沙:湖南人民出版社,1980年,第200页。

王震将军率领的南下支队凯旋回到延安时受到热烈欢迎

1946年初夏,谢放跟随部队圆满完成任务,并从中原突围胜利返回延安。总结会上,王震司令员当众表扬道:谢老的儿子始终没有退缩。谢觉哉知道后,欣慰之下再次为谢放赋诗勉励:

历时二十二个月,走路一万几千里。
喜你过家没通信[1],亦未中途离战营。
险阻备尝识真伪,真理跟前看死生。
这番经历应珍视,困学同时更勉行。[2]

---

[1] 指谢放南下经过宁乡老家时未给家里寄信。他这样做是为了避免家里的母亲和哥嫂受到国民党反动派的迫害。

[2] 谢放:《父亲教我干革命》,中共宁乡县委员会编:《怀念谢觉哉同志》,长沙:湖南人民出版社,1980年,第200页。

谢放后来在回忆起这段历史场景时，感慨地说：

> 这首诗，实际上是父亲对我这段经历的检查总结。我记住了他的希望，十分珍视这场考验，并时刻准备着去迎接更艰难的斗争。①

---

① 谢放：《父亲教我干革命》，中共宁乡县委员会编：《怀念谢觉哉同志》，长沙：湖南人民出版社，1980年，第200页。

"接触实际,联系群众,这是一个共产党员的终身事业!"

——张闻天

1935年1月的遵义会议是中共中央和中央红军长征途中召开的一次关键会议。会议回顾了第五次反"围剿"失败的原因和教训,结束了"左"倾教条主义错误在中央的统治,解决了党内所面临的最迫切的组织问题和军事问题,确立了毛泽东在中共中央和中央红军的领导地位,为红军长征乃至中国革命的胜利奠定了良好的政治基础和组织基础。时任中共中央负责人且主持会议的张闻天在此过程中发挥了不可替代的重要作用,功不可没。

红军长征胜利并落脚陕北后,张闻天与同样参加了二万五千里长征的红军女干部刘英结成了革命夫妻。刘英在她的自述中,回顾并介绍了当时与张闻天在特殊的环境下成家的情景,在充分展现当年特有的时代气息的同时,字里行间也充满了满足:

> (长征落脚瓦窑堡后)我们就结成了终身伴侣。分给我们一孔石窑洞,挺漂亮。革命有了"家",我和闻天也成了家。没有举行任何仪式,也没有请客,情投意合,环境许可,两个行李卷合在一起就是了。倒是毛主席到瓦窑堡后,来窑洞闹了一闹,算是补了"闹新房"的一课。①

---

① 刘英:《刘英自述》,北京:人民出版社,2005年,第91页。

而刘英对两人成婚后，张闻天关爱与照顾自己的甜蜜回忆，就更是洋溢着满满的幸福：

张闻天与刘英在延安

（有一天，我因为感冒而高烧不止）闻天干着急，工作又忙，每天早晚两次，到我的窑洞外面，透过窗户纸上捅开的小窟窿眼，看望我，问候我，说上几句安慰我、关切我的话。他发了津贴，全交给了警卫员，交代买点鸡蛋做汤给我吃。

那时，凡是政治局委员，每月有五元钱津贴。恩来有病，稼祥养伤，加一倍。保安时期经济困难，五元钱不是发的光洋，是苏票，大约够买两只鸡的。我问警卫员，闻天五元钱津贴全给了我，他吃什么。警卫员眼泪汪汪地说："就吃'红锅炒白菜'。"

说也怪，就凭着小米粥和鸡蛋羹，凭着闻天的安慰和警卫员的照料，连续高烧了二十多天，我的病竟然慢慢地好起来了，只是人瘦得不成样子。①

随着中共中央进驻延安，张闻天作为中央政治

---

① 刘英：《刘英自述》，北京：人民出版社，2005年，第107页。

局常委、中央书记处书记，在党内先后分管过统一战线、干部教育、宣传等工作，还兼任马列学院（后改为中央研究院）院长。除在生活上与张闻天相互照顾外，刘英作为张闻天的政治秘书和机要秘书，还积极协助张闻天的工作。

延安时期，为了克服教条主义、本本主义等错误思想，纠正党内存在的不正之风，中共中央先后发布了《关于深入群众工作的决定》《关于调查研究的决定》《关于实施调查研究的决定》，在党内外倡导认真的调查研究。在1941年9月延安召开的政治局会议上，张闻天主动响应中央号召，自觉克服教条主义、主观主义，主动提出"补课"的要求："过去国际把我们一批没有做过实际工作的干部提到中央机关来，是一个很大的损失。过去没有做实际工作，缺乏实际经验，现在要补课。"[1]这个请求得到中央批准后，张闻天立即抽调干部，组成"延安农村工作调查团"。这个调查团由来自中央党务研究室、中央政治研究室、中央财委、中央研究院等部门共10位同志组成。

张闻天在延安

刘英作为调查团成员，也参加了这次活动。由于她既是富有革命经验的老干部，又有作为张闻天爱人的特殊身份，这次为期一年零三个月的调查活动，也成为张闻天与刘英良好工作作风及良好家风的很好展现。

---

[1] 刘英：《在历史的激流中——刘英回忆录》，北京：中共党史出版社，1992年，第122页。

张闻天率领的调查团成员在陕北神府

按照最初的设想,这次调查选定的调查地点为晋西北,为开展工作方便,张闻天还起了一个化名叫张晋西。①

调查团一行1942年1月26日从延安出发,奔赴预定的调查地晋西北,但在东渡黄河时,日军正在山西发动新一轮的冬季扫荡。于是调查团折返陕甘宁边区,首先在陕北进行了神府(笔者按:即神府县贺家川)调查(1942.2.18—1943.4.12),调查从当地的经济基础到上层建筑全面展开,而主题则是生产力和生产关系。这次调查结束后,调查团又继续到晋西北进行兴县调查(1942.4.22—1942.9.12),第二次调查的主题仍是生产力与生产关系,考察的

---

① 刘英:《在历史的激流中——刘英回忆录》,北京:中共党史出版社,1992年,第123页。

重点则是土地占有的变化与租佃关系。接着进行的第三次调查是陕北米脂县杨家沟调查（1942.9.26—1942.11.21），在这里主要进行了关于地主经济的典型调查。离开杨家沟之后，张闻天又分别进行了短期的米脂城内调查（1942.11.23—1942.12.2）和绥德市商业调查（1943.1.18—1943.2.24），以及其他地区不同方面的调查。调查尚未完全结束时，接到了中央召开政治局会议的通知，张闻天遂于1943年3月3日返回延安，其他调查组成员分别于当年四五月间返回。①

据张闻天的爱人刘英回忆，他们在路过陕北绥德期间，受到驻防在那里负责陕甘宁边区警备工作的三五九旅旅长兼绥德警备司令部司令员王震的热情接待。那时王震刚结婚，把他的窑洞让给我们住。我们再三辞谢，王震执意要让，只得客随主便。闻天笑着用《诗经》上的两句诗说，这下可真是"维鹊有巢，维鸠居之"了。②

这次社会调查前后进行了一年又两个月。在刘英看来，这次调查的重点就是当时的社会生产力与生产关系，从中检验我党抗日战争时期的农村经济政策，进而提出调整、改善的意见。在每一个地方的调查又各有侧重点。如神府调查主要关注地主经济，绥德调查的重点则是工业和商业。几个地方合起来，对抗日根据地的全貌就有了一个具体的了解。③

由张闻天选集传记组等编辑的《张闻天晋陕调查文集》收录了张闻天在晋陕调查期间的有关调查报告、讲话和调查日记等。我们在这里把其中相关的文字摘录出来，从中可以看出，一般来说，只要是张闻天参加的活动，刘英都会和他分在一组，一起参加：

1942年2月21日　决定分组出发调查：雍文涛、薛光军——阎家山；薛一平、曾彦修、许大远——路家南；洛（甫）、马洪、刘英——贺家川。时间一个月。④

---

① 张闻天选集传记组、中共陕西省委党史研究室、中共山西省委党史研究室：《张闻天晋陕调查文集》，北京：中共党史出版社，1994年，第429页。

② 刘英：《刘英自述》，北京：人民出版社，2005年，第130页。

③ 刘英：《在历史的激流中——刘英回忆录》，北京：中共党史出版社，1992年，第124页。

④ 张闻天选集传记组、中共陕西省委党史研究室、中共山西省委党史研究室：《张闻天晋陕调查文集》，北京：中共党史出版社，1994年，第350页。

1942年3月8日 三八节干部座谈会，刘英参加。①

1942年9月16日 上午电影团吴同志（吴本略）给我们拍了几张照②（笔者按：刘英作为调查团成员也参加了合影）。下午出发，在沙峁头宿营。③

1942年9月26日 决定调查团分成三组到高庙山、刘家峁、杨家沟三村调查地主经济。张闻天本人带领一个调查组（刘英、马洪、许大远等同志）到达杨家沟（杨家沟属米脂县何岔区第六乡）。④

1943年2月26日 与刘英一起返回延安（调查团其他成员继续在绥德调查，直到4月下旬结束）。⑤

据刘英回忆，这次调查非常深入细致。张闻天设计了许多表格，并亲自负责一个自然村，在贺家川调查生产力状况，调查团其他成员则分别深入相关自然村挨家挨户做调查。张闻天要求大家在调查中了解当地各种土地类型及其等级，各种作物在各种土地上的播种量、施肥量和常产量，各种牲畜的使役量、产肥量、租用借用办法、全年的经济效益、各种草料的消耗量等，乃至于牛、驴、猪、羊、鸡、兔的粪各有什么特点，适合于什么土壤、什么庄稼，为什么高粱产量低仍然要种它，为什么贫穷人家不能种小麦、大蒜头，等等，都要了解得清清楚楚。刘英和马洪等同志还跟着张闻天赶过一次集。在集市上看到有专养公驴配种的，张闻天十分重视，详细询问了有关情况。知道配一次种要收三斗黑豆，但养公驴这行当则被视为"贱业"，没有什么人愿意干。张闻天告诉县

---

① 张闻天选集传记组、中共陕西省委党史研究室、中共山西省委党史研究室：《张闻天晋陕调查文集》，北京：中共党史出版社，1994年，第351页。

② 据张青叶：《磨灭不了的历史光辉——〈张闻天画册〉资料搜集点滴纪事》介绍，调查团结束晋西北调查渡过黄河彩林渡口时，碰到了正赶赴前线的延安电影团的同志们。他们热情地为调查团团员拍了上述照片。一张照的是张闻天同团员们聚集在一条木船旁边，一张则是在岸边的谷子地头。见张培森：《张闻天研究文集》（第二集），北京：中共党史出版社，1993年，第639页。

③ 张闻天选集传记组、中共陕西省委党史研究室、中共山西省委党史研究室：《张闻天晋陕调查文集》，北京：中共党史出版社，1994年，第391页。

④ 张闻天选集传记组、中共陕西省委党史研究室、中共山西省委党史研究室：《张闻天晋陕调查文集》，北京：中共党史出版社1994年，第394页。

⑤ 张闻天选集传记组、中共陕西省委党史研究室、中共山西省委党史研究室：《张闻天晋陕调查文集》，北京：中共党史出版社1994年，第395页。

米脂县杨家沟村

里同志,毛驴几乎是陕北唯一的畜力,用处很大,要打破旧观念,鼓励多养配种公驴。养种驴的人多了,收费自然就会降低。

到杨家沟调查地主经济时,马洪了解到当地最大的一家地主马维新家保存着将近一百年来的各种账簿,买地、典地、收租、放债、雇工、经商和日常生活开支,都记得清清楚楚。马洪向张闻天汇报后,张闻天如获至宝,当即让马洪前去做马维新的工作,希望能够借阅。马维新比较开明,他的子女也有参加革命的,他答应把这些账簿全拿出来,任凭调查团研究。张闻天一本一本翻阅,刘英在旁边帮着抄录数据、材料,马洪打算盘,日夜统计,忙了一个来月。张闻天风趣地说:马克思在伦敦图书馆里算资本家的"账本子",写了《资本论》,我们要弄明白中国的经济,也不能不研究马太爷家的

"账本子"啊!①

张闻天还强调,在深入调查、获得丰富的第一手材料之后,要善于综合,得出带有规律性的认识。他要求调查报告要在调查地写好,不仅有翔实可靠的材料,而且要有鲜明的观点,理论的概括。《杨家沟地主调查》就以翔实可靠的材料说明,封建地主阶级如何以地租剥削为基础,同高利贷和商业剥削结合在一起,对农民进行残酷剥削和土地掠夺,以及大地主如何对中小地主进行弱肉强食的土地兼并的情况。②

回到延安后,张闻天集中精力总结陕北、晋西北调查的体会,完成了《出发归来记》的报告。

《出发归来记》是张闻天1943年在结束长达一年的晋陕农村调查后写给中共中央的一篇调查总结报告。张闻天由衷地总结道:

这次出发使我深切地感觉到,我知道中国的事情实在太少了。到处看到的东西,在我都是新鲜的、生疏的、不熟悉的。必须经过一番请教之后,我才能认识它们,同它们交起朋友来。但这些东西,又是如此的生动活跃,变化多端,如果我们不同它们保持经常的接触,紧跟着它们,它们又会很快地前进,把我远远地抛弃在他们的后面。同时一切事实又如此明显地告诉我,如果我们不去认识它们,熟悉它们,了解它们的动向,我们决然不能决定我们的任务与政策,即使马马虎虎地决定了,任务仍然无法完成,政策也无从实现。③

张闻天在报告中感慨地写道:"冲破了教条的囚笼,到广阔的、生动的、

---

① 刘英:《刘英自述》,北京:人民出版社,2005年,第20页。
② 刘英:《在历史的激流中——刘英回忆录》,北京:中共党史出版社,1992年,第124、125页。
③ 张闻天:《出发归来记》,中央党史研究室张闻天选集传记组编:《张闻天文集》(三).北京:中共党史出版社,1995年,第130页。

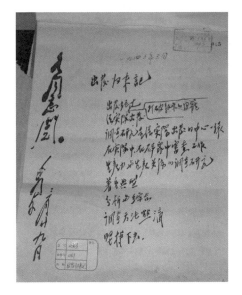

张闻天《出发归来记》手稿

充满了光与热的、自由的天地中去翱翔——这就是我出发归来后所抱着的愉快心情"①。他深刻认识到"以后有向着接触实际、联系群众的方向不断努力的必要"。

为什么这么说呢?张闻天认为:"不再空谈'理论与实际的联系',首先把自己联系起来试试看;不再空谈'以马列主义的立场与方法来研究中国的实际',首先要自己做一点这类'研究'的小榜样试试看。我想,这也许比一切关于这类辞句的空谈的作用,要大的多!"②

张闻天在晋西北调查的收获与感悟,特别是他与妻子刘英通过实地考察、深入细致的调查,在思想认识上有了新的提高,所提出的一系列调查结论和工作建议也有效地指导了工作。毫无疑问,这些收获、体会与感悟,也蕴含了刘英的奉献与智慧。这也从一个侧面反映了延安时期张闻天与刘英所展现出的良好家风。

---

①② 张闻天:《出发归来记》,中央党史研究室张闻天选集传记组编:《张闻天文集》(三).北京:中共党史出版社,1995年,第130页。

"忘掉我,不要为我的牺牲而伤痛,集中精力进行战斗。"

——王若飞

王若飞是中国共产党早期领导人之一,1937年8月到延安后,先后担任陕甘宁边区党委统战部长、宣传部长,中央华北华中工作委员会秘书长,中共中央秘书长、中央党务研究室主任,期间还在中央军委任职,并担任八路军副参谋长。1944年,王若飞赴重庆中共南方局工作,后任中共南方局工作委员会书记,主持南方局日常工作,党的七大上,当选为中央委员。

王若飞和妻子李培之

王若飞的夫人李培之也是一位早期中共党员,她1924年加入中国共产党,1925年在河南郑州豫丰纱厂工作时担任中共豫陕区委书记。她和王若飞相识不久就建立了共同的战斗情谊,并于1925年秋结成革命伴侣。在与王若飞的共同生活中,李培之深深觉得王若飞的特点就是没有个人利益,毫不计较个人的得失。在他的心眼里,只有工作与党。①

由于工作的关系，两人婚后聚少离多。1931年，王若飞在绥远被捕，直到1936年出狱后，才与李培之再次相聚。

在长达五年的铁窗生涯中，面对敌人的软硬兼施和各种精神与肉体摧残，王若飞始终坚贞不屈，保持着革命的气节。他随时做好牺牲的准备，曾在敌人监狱中将西服垫肩上一块白绸子撕下来，给李培之写了一段掷地有声的文字：

> 忘掉我，不要为我的牺牲而伤痛，集中精力进行战斗，继续努力完成党的事业。要坚持真理，经得起各种各样的考验，要用生命来维护党的团结，捍卫党的利益……别了，我们在红旗下聚齐，又在红旗下分手，战士们虽然在红旗下倒下，但革命的红旗却永远不倒，它随着战士的血迹飘扬四方！这，就是我们的胜利！请你伸出双手，迎接我们的胜利吧！②

这段文字体现出王若飞忠诚于革命信仰，并对革命事业必然成功的坚定信念，以及视死如归的大无畏英雄气概，同时也表达出了他对妻子炽热而坚贞的深厚感情。

在延安工作和生活期间，王若飞和妻子李培之住在杨家岭的两个窑洞里，里窑是住房，外窑是办公室，窑洞中陈设都很质朴、简单，一张书桌，几张油了漆的靠椅，还有一个木橱，这就是整个办公室的外观了。③

李培之当时在陕北公学教书，同时又是王若飞同志的得力助手。1939年，他们的儿子在延安出生，乳名毛毛。在李培之眼里，王若飞堪称是关爱家庭的模范：在家庭生活中，王若飞既是一个默默关怀妻子的好丈夫，也对孩子倾注了满腔的爱，他们一起上山时，王若飞总是会背着毛毛，即使到了重庆在中共

---

① 李培之口述，邹汇敏记：《忆若飞》，《解放日报》1946年5月17日，第4版。
② 曹昆之：《在若飞同志身边》，中共中央党史研究室第一研究部《关山渡若飞》编辑组编：《关山渡若飞——王若飞百年诞辰纪念集》，北京：中共党史出版社，1996年，第473页。
③ 何干之：《忆若飞》，中共中央党史研究室第一研究部《关山渡若飞》编辑组编：《关山渡若飞——王若飞百年诞辰纪念集》，北京：中共党史出版社，1996年，第555页。

南方局工作,每当上楼梯的时候,王若飞还时常抱着孩子,并乐此不疲。①

曾担任王若飞秘书的曹昆之回忆:

王若飞同志是革命的老同志,又曾经在敌人的牢狱中度过了五年零七个月,身体受到很大摧残。组织上为了照顾他,每月供给他一点大米,但他总舍不得吃,每逢星期天总要叫我们到他那里去吃饭,常说:"你们生活很艰苦,我给你们改善改善生活,现在大米很少,我就招待你们吃顿二米饭吧。"所谓"二米饭",就是用大米、小米合起来焖的饭,又想办法弄点肉,烧点洋芋。

每当这种时候,我感到非常过意不去。我就说:"我们生活已经很好了,你大米很少,又是你和李培之同志两人吃,我们再一吃就更少了。"他总是说:"不要紧,没关系。"一定要我去吃,在无法推辞的情况下,只得去了。我们同坐一起,谈笑风生,吃着若飞同志和他夫人亲手做的二米饭,洋芋炖肉,吃在嘴里,甜在心上,感受到革命大家庭的温暖。②

1939年夏,王若飞父子和王稼祥夫妇在延安王家坪

---

① 李培之口述,邹汇敏记:《忆若飞》,《解放日报》1946年5月17日,第4版。
② 曹昆之:《在若飞同志身边》,中共中央党史研究室第一研究部《关山渡若飞》编辑组编:《关山渡若飞——王若飞百年诞辰纪念集》,北京:中共党史出版社,1996年,第467页。

王若飞担任着中央领导职务，为便于工作，组织上按规定为他配备了一名警卫员和一匹马。但他经常外出开会、讲课既不要警卫随从，也不骑马，总是来回一个人走路。秘书曹昆之和警卫员时常为他的安全担心。有时他白天出去开会，晚上很晚还未回来，曹昆之便让警卫员带着马去接他，回来王若飞就批评他们："这儿是延安，又不是敌后游击区，何必派警卫员接我，还骑什么马呢？"

曹昆之解释说："中央给你马骑，给你警卫员，是为了保障你的安全，我们要为你负责呀！"

曹昆之在回忆文章中深情地写道：

王若飞和妻子李培之、儿子王兴

我们经常这样劝他，他总是不肯接受我们的意见，他对我们说："贺龙同志从敌人后方回来，到中央来开会，向来都是不骑马的，这些同志在敌后进行着那么艰苦的斗争，回延安都不骑马，我出去开个会怎么能骑马呢？"

…………

若飞同志不骑马，不带警卫员，坚持出外步行，革命作风，迥然不同，这对我的教育很大，也更增加了对若飞同志的敬爱。①

---

① 曹昆之：《在若飞同志身边》，中共中央党史研究室第一研究部《关山渡若飞》编辑组编：《关山渡若飞——王若飞百年诞辰纪念集》，北京：中共党史出版社，1996年，第468、469页。

曾担任过王若飞勤务员的于掌才回忆：

> 1940年我十五岁，党组织分配我到王若飞同志身边工作。按规定他身边应设警卫员、勤务员、炊事员三个人，但他认为革命队伍需要更多的人，多一个人就多一分力量，而自己身边应尽可能减少工作人员，所以我就身兼三职。党组织本来对他有照顾，因为他在敌人狱中六年，身体虚弱不堪，给他特需供应他却不要。他的附近还住着王稼祥等几个领导人，给他们设立了一个小灶，他也坚辞不去，要在家里单独起伙做饭。他的生活真是简朴到了不能再简的地步。他经常工作到深夜，次日很早起床。我立刻给他用开水冲两个鸡蛋，然后喝碗小米粥，就点咸菜。中午吃二米饭（大米、小米），通常都是炒两个菜：白菜、土豆。晚上吃小米饭，炒萝卜、辣椒。平日很少吃白面和肉，到星期天，才买二斤肉，肉皮还留着熬萝卜。来了客人，我才过延河到"青年食堂"买两个菜招待客人吃饭。
>
> 若飞同志平日穿着十分朴素，除了组织上按供给制标准发给的几套制服之外，个人有几件很旧的长衫，此外，就几乎"一无所有"。①

在家人面前，王若飞非常低调，也从来不谈工作上的事情。1937年11月，王若飞的舅父黄齐生与外甥光绳来到延安，光绳描述了他们在延安与王若飞第一次见面的场景：

> 晚间，表舅果然来了。他腰上扎着一条布带引起了我的注意，怎么回事呢？过了一段时间我才明白。那时根据地的同志都实行军事化，要扎皮带，表舅没有皮带，就扎了条布带，这样又可以御寒。外祖父问他任什么

---

① 于掌才：《我给王若飞当勤务员》，中共中央党史研究室第一研究部《关山渡若飞》编辑组编：《关山渡若飞——王若飞百年诞辰纪念集》，北京：中共党史出版社，1996年，第478页。

职务,他笑笑说做宣传工作,不谈具体职务。后来的九年里,他对亲友也从来不谈什么职务。表舅给人的印象就是那么朴素谦虚。[1]

令人痛惜的是,1946年4月8日,在重庆中共南方局主持工作的王若飞乘飞机回延安汇报工作,因天气原因飞机中途失事,王若飞与同机的博古、叶挺及舅父黄齐生等人不幸牺牲。这不仅使我们党失去了一位卓越的领导人,也为他的家庭带来了深深的痛楚,但正如毛泽东为"四八"死难烈士的题词:"为人民而死 虽死犹荣"[2],王若飞等革命先烈的事迹和优良家风,将永远激励着今天的我们不忘初心,并从中汲取不断前行的精神力量。

---

[1] 光绳:《回忆表舅王若飞》,中共中央党史研究室第一研究部《关山渡若飞》编辑组编:《关山渡若飞——王若飞百年诞辰纪念集》,北京:中共党史出版社,1996年,第484页。
[2] 中央档案馆:《中国共产党八十年珍贵档案》,北京:中国档案出版社,2001年,第698页。

与蔡畅一起营造孩子们共同的"家"！

——李富春

1937年7月，正在甘肃庆阳担任中共陕甘宁省委书记的李富春遵照组织安排回到延安，任中央秘书长，兼中央组织部副部长，主持中组部的工作，后兼任中央财政经济部部长、出版发行部部长。与此同时，李富春同志的爱人蔡畅也被调回延安工作。

蔡畅是我们党早期的共产党员，同时也是老资格的妇女干部。1919年，她赴法国勤工俭学，1922年参加中国社会主义青年团（旅欧支部），1923年转为中共正式党员。在巴黎部时，蔡畅和李富春相知并相爱，于1923年结成了革命伴侣。1924年，蔡畅赴莫斯科东方大学学习。1934年10月，她参加了举世闻名的二万五千里长征，到达陕北后，任中共陕甘省委委员、统战部部长、组织部部长和陕甘宁边区妇女部部长。1941年6月，任中共中央妇委代理书记，后任书记。

中共中央妇委书记蔡畅

由于工作的缘故，李富春与蔡畅和许多干部在血雨腥风的革命年代结下了真挚的友谊。到延安后，一些同志仍然在前线或敌后浴血奋战，有的则为了革命事业英勇牺牲。照顾他们的孩子和家庭，就成了李富春与蔡畅自觉承担的重要责任。

李富春待人和气，家里民主意识很浓。他有时也和其他同志那样叫蔡畅"蔡大姐"，非常亲切。时任中共中央政治局委员、东南局书记、新四军政委的项英长期在敌后工作，1938年，他的女儿项苏云由党组织辗转送到延安时还只有七岁。她和先前已经到延安的一个弟弟就一同住在李富春家。当时李富春与蔡畅唯一的女儿李特特尚在湖南老家，李富春、蔡畅就把项氏姐弟看作自己的子女。时间长了，大家都亲切地称他们是"一家四口"。

作为志同道合的革命者，李富春和蔡畅夫妻二人对自己的生活要求很低，但对项苏云姐弟却照顾得很周到。按照规定，李富春和蔡畅享受小灶待遇，但他们每次打饭回来吃时，总是先让项苏云姐弟吃，让孩子们多补充些营养。家里有时吃鸡，李富春和蔡畅总是把鸡腿让给他们吃。李富春和蔡畅不仅在生活上对项苏云姐弟关怀备至，而且还注意从小培养他们坚强的意志和良好的习惯。蔡畅常在假日教他们洗衣服、缝补衣服上的小洞，要求他们自己的事情尽量自己做，养成勤劳、爱

李富春和蔡畅在延安

整洁、办事有条不紊的好习惯。

很多年后,早已长大成人的项苏云仍把延安时期李富春和蔡畅的家称作"我们家里",对当年"家"里的温暖和发生在"家"里的故事充满深深的感情并念念不忘。①

为了减轻身兼重任同志们的负担,更好地照顾好孩子们,尤其是使正在抗战前线工作的干部和烈士子女都能得到抚育和培养,在中共中央的关怀和支持下,蔡畅领导的中央妇委牵头办起了延安儿童保育院,为孩子们带去集体的家的温暖。蔡畅始终关心着孩子们,每逢周末,都要派警卫员把一些烈士子女接回自己家里,他们之中有刘伯坚②烈士的儿子刘虎生,有武夷山"游击队之子"黄义先③……每次孩子们来,她都准备好糖果,打回她和李富春的小灶饭菜给孩子们吃,并讲故事给他们听。孩子们得到了"蔡妈妈"的母爱和温暖,来了都不想走。蔡畅对周围同志的孩子也同样爱护。中央妇委干部王云的孩子延娃,小时候母亲身体不好,奶不够吃,蔡畅就把分配给自己的那份牛奶给他喝。陕甘宁边区妇联主任白茜生了第二个孩子丽丽,缺衣服,蔡畅就把自己的一些衣服送给白茜,让她改做一下给孩子穿。④

当年在延安从事教育工作的师哲女儿师秋朗回忆:

> 蔡畅蔡妈妈在延安时期是一群烈士子女和干部子女共同的妈妈。叫声"蔡妈妈"是那样的亲切,那样的甜!
>
> 一到星期天,就有许多孩子像小鸟一样飞到蔡妈妈家里,唧唧喳喳,

---

① 夏远生等:《相伴百年——李富春与蔡畅》,长沙:湖南人民出版社,2000年,第144页。
② 见本书第55页注释②。
③ 黄义先的父亲黄立贵,江西横峰县人,1927年加入中国共产党。在第二次国内革命战争时期,历任红军闽北独立师师长、闽赣省革命委员会委员、闽中军分区党委书记等职,1937年7月在战斗中牺牲。母亲李冬娥,江西省横峰县人,中共党员,在第二次国内革命战争时期,任闽北分区苏维埃政府妇女部部长,1936年11月壮烈牺牲。黄义先1933年8月1日出生于福建武夷山,1938年5月来到延安。
④ 陈志凌:《中共党史人物传精选本》(6),北京:人民日报出版社、中央文献出版社,2001年,第509、510页。

李富春在延安做报告

都争先恐后地向她诉说自己一个星期里的见闻。蔡妈妈笑着,抚爱着每一个孩子,耐心地听他们说这论那,安排他们到食堂吃饭。到了下午,孩子们又飞回学校去了。①

在晋察冀边区担任妇救会干部的田秀涓(八路军冀中军区司令员孙毅的爱人)回忆起在延安学习期间与蔡畅深情交往的情景:

大约(1945年)10月的一天,蔡大姐在杨家岭中妇委召集我们去开会,从我住地到杨家岭,隔着延河,那时没有桥,要脱掉鞋袜,蹚水过河。开完会正遇下雨,蔡大姐亲切地对我说:下雨河水上涨,你是孕妇,不便蹚水过河,今晚就住在我这里吧!晚上我和大姐同睡在她的双人床上,躺下后尚未入睡,富春同志就回来了。大姐说:我这里有位开会的女同志同住,你到别处找住处去吧!李大哥因我而被拒之门外,我心中忐忑不安,但大姐却毫不介意地安

---

① 师秋朗:《怀念蔡妈妈》,董边、蔡阿松、镡德山编:《我们的好大姐蔡畅》,北京:中央文献出版社,1992年,第166页。

然处之。第二天早晨起床，大姐说："你呼吸急促不匀，可能心脏有毛病，要注意治疗。"我说："学生时代，心脏有些毛病，工作后问题也不大，出气不匀，可能是怀孕之故，请大姐不要惦记。"

1945年12月初，我在延安中央医院生了女儿田嘉。大姐立刻给在冀中军区任司令员的我的老伴拍了电报，报了母子平安，还将孩子性别、重量一同电告。一周后出院，大姐还派中妇委秘书王汝琪同志看我，并送来4只老母鸡。当时在延安物质条件比较困难，4只老母鸡，包含着多少关怀爱护后辈的心意啊！1946年3月，我辞别了革命圣地延安，辞别了敬爱的蔡大姐，带着孩子奔赴晋察冀。田嘉长大后，我们老两口常告诉她要牢记，她从母腹到出生，都得到蔡妈妈的亲切关怀。①

长大了的刘虎生（刘伯坚烈士的儿子）回忆起自己受到李富春和蔡畅的照顾，动情不已：

尤其使我不能忘怀的是，1947年我到了当时东北局的驻地哈尔滨，住在南岗蔡妈妈家。由于我从晋察冀边区到东北的长途跋涉中长了满身虱子，鞋子也磨破了。蔡妈妈帮我用热水烫掉衣服上的虱子，又拿出富春叔叔的鞋子给我穿上。富春叔叔下班回来换鞋时，到处找不到鞋子，蔡妈妈笑着说："你的鞋子给虎子穿了。"富春点点头说："好。"一种家庭的温暖使我感到长途行军的疲劳都一扫而光了。②

李富春和蔡畅的女儿李特特出生在法国。当时为了革命工作，母亲蔡畅生下她后毅然做了绝育手术，李特特成为两人唯一的爱情结晶。在战火纷飞的年

---

① 田秀涓：《情深义重 人生之师》，董边、蔡阿松、镡德山编：《我们的好大姐蔡畅》，北京：中央文献出版社，1992年，第67、68页。
② 刘虎生：《悠悠慈母心》，董边、蔡阿松、镡德山编：《我们的好大姐蔡畅》，北京：中央文献出版社，1992年，第164页。

1938年，李富春、蔡畅与烈士后代在一起（前左为郭亮烈士的儿子郭志成，前右为张太雷烈士的儿子张芝明）

代里，生活不固定，李特特一开始由蔡畅的母亲抚养，后来又由党组织送到苏联去学习。① 由于长期疏于对孩子的照顾，甚至忽视了孩子的情绪，这也给蔡畅带来意外的"烦恼"。

1947年4月，蔡畅在莫斯科为国际妇联服务期间，见到了一别十年的独生女特特。女儿对她已显生疏，对她说：妈妈你不爱我。她瞪大眼睛惊诧地问：妈妈怎么会不爱你呢？女儿直截了当地回答：妈妈从来不对我有亲热的表示。她的心被刺痛了，告诉女儿：妈妈是爱你的，但是妈妈还有很多事要做，没有精力对你亲热。并解释说：中国人的性格是暖水瓶，外边冷里面热，这是长期革命斗争磨炼出的性格，我是很多孩子的母亲，不可能只有你一个。②

为了指导和帮助年轻人处理好工作与家庭、工作与恋爱的关系，蔡畅在中央党校等单位为年轻学员们多次做了关于正确处理恋爱、婚姻与家庭问题的讲话。这些讲话针对性强，特别符合当时的实际，被延安的青年们誉为男女双方应遵守的革命原则。归纳起来就是：在政治上应要求对方能一心为革命，

---

① 贺晓明：《前辈的身影》，上海：中西书局，2011年，第256—259页。
② 夏远生等：《相伴百年——李富春与蔡畅》，长沙：湖南人民出版社，2000年，第177页。

是志同道合的革命同志；在思想上应要求对方能虚心向上，是一个与自己相敬如宾的朋友；在生活上应要求对方能品德高尚，是一个与自己终身相互关怀与体贴的爱人。后来，中央党校有的教师在讲授唯物史观课《家庭》这一章时，专门吸收了蔡畅所提到的这三条原则，并写进了教材，由此广为传播。①

1975年，李富春因病去逝后，蔡畅按照李富春生前与她共同提议的，把他们多年积攒节省下来的10万元人民币连同利息，一并交了特别党费。秘书犹豫地问蔡畅："大姐，要不要给你的孙子们留下一点？"蔡畅说："不，这钱是党和人民给我们的。我们应当把它交还给党和人民。孩子们要靠他们自己去劳动。"②

---

① 金铁群：《忆蔡畅同志三件事》，《妇女运动的先驱——蔡畅》第84页。转引自陈志凌：《中共党史人物传精选本》（6），北京：人民日报出版社、中央文献出版社，2001年，第509页。
② 贺晓明：《前辈的身影》，上海：中西书局，2011年，第259页。

"我们身为领导,不能脱离群众。"

——王稼祥

1933年春,时任中共苏区中央局委员、中央革命军事委员会副主席、中国工农红军总政治部主任的王稼祥正在江西乐安县谷岗村参加军委召开的一个重要会议。当时正处于中央苏区第四次反"围剿"战争中,由于敌机空袭,连掷下几枚炸弹,王稼祥不幸中弹受伤,飞机弹片把他的肠子打穿了,耳膜震破了。后来又因条件限制伤口感染,他患上急性化脓性腹膜炎,虽经过多次治疗有所好转,却未能根治,并因此落下了病根,身体非常虚弱。长征途中,王稼祥靠红军战士们抬着担架,并以坚强的毅力克服病痛的折磨,与中共中央和中央红军大本营一起,胜利到达陕北。

延安时期,因身患重疾,王稼祥被中央军委确定为甲等残废,按规定每月发给几十元的残废金,但是他从来没有领取过。曾当过王稼祥警卫员的张志回忆:

王稼祥在延安

稼祥同志长期病痛缠身，加上工作劳累，身体非常虚弱。延安时期，中央为照顾他的健康，规定他的伙食标准实报实销，但他从不因此而有丝毫特殊。他严于律己，廉洁自奉，生活很简朴，每餐一菜一汤，很少有肉。晚上工作时间长了，就用烤馒头充饥。每月报账前他都要亲自检查一番账目，看有无超支现象。碰到炊事员老陈外出买菜，他总要关照几句：少买点，不要吃不掉浪费了。他常说，边区人民困难，我们能吃上这些东西就很不容易了。一次供给部长叶季壮同志看到他的衣服、被褥太破旧了，准备给他做套新衣服，派裁缝来量尺寸，稼祥同志硬是不叫量。送来了被褥，他又派我送回去。①

1938年11月，王稼祥与朱仲丽在延安相识。朱仲丽是湖南长沙人，1936年于上海东南医学院毕业后，曾在南京中央医院工作。1937年底，22岁的朱仲丽奔赴延安，在边区医院任外科医师，并加入了中国共产党。中共六届六中全会期间，朱仲丽被选派为大会工作人员，为会议代表提供医疗服务保障。

1939年3月5日，农历元宵节。王稼祥经组织批准，同朱仲丽结为伉俪。简朴的婚礼上，准备了两桌饭菜，毛泽东和在延安的其他中央领导同志都

---

① 张志：《在给王稼祥同志做警卫工作的日子里》，王稼祥选集编写组：《回忆王稼祥》，北京：人民出版社，1985年，第139、140页。

来贺喜。①

朱仲丽后来幸福地回忆起和王稼祥由相识到成婚的过程：

王稼祥、朱仲丽在延安
王家坪（1939年）

1937年以前，我在上海一个医学院学了五年。抗日战争爆发后，1938年初我到了延安，立即分配在延安新成立的边区医院外科当医生。我认识稼祥是在1938年秋。那时他从苏联回国不久，在延安担任中央军委副主席、总政治部主任。他工作很忙，精力旺盛，但身体很瘦。我们的认识是经过肖劲光同志的介绍的。每逢星期日，我到王家坪半山上的窑洞里去看他，有时在一块打网球，下围棋，却根本不谈情说爱。这样过了半年，他忽然涨红了脸，却很有把握地对我说："我们什么时候结婚呢？"他的这种开门见山就提出结婚的恋爱方式，的确使我毫无精神准备，但我感染了他的坦率和诚恳，立即回答道："为什么要这么快呀？"他马上进一步说："你同意了，那太好了。"从这儿，我看出了他的性格和他的为人。②

---

① 徐则浩：《王稼祥年谱》，北京：中央文献出版社，2001年，第212页。
② 朱仲丽：《忆稼祥》，王稼祥选集编写组：《回忆王稼祥》，北京：人民出版社，1985年，第220页。

朱仲丽介绍，王稼祥在延安时期的生活非常简单朴素，每日三餐，毫无嗜好，只要求饭菜卫生、易于消化即可。为了适应他的病体，朱仲丽总会在他的办公桌上放一个饼干筒，里面盛满烤干了的馒头片，这种烤馒头片容易消化，王稼祥饿了就拿几片充饥。每次出去开会或赴宴会，也都随身带上几片。有一次，王稼祥还把烤馒头片治疗胃病的经验传授给八路军三五九旅旅长王震。

王震后来对此念念不忘，并在回忆文章中写道：

> 稼祥同志长我两岁，我们在工作上是上下级关系，但在日常交往上完全是兄弟式的同志关系。他俨然像个兄长，关怀着部属的生活、身体等情况。一次，我到他住地王家坪汇报工作，当他知道我胃肠有"故障"后，便急忙问我大便是什么颜色，我说黑色。他的夫人、延安边区医院大夫朱仲丽同志说，可能是隐血，并当即给我检查。稼祥同志知道我爱吃辣椒，问我是不是还在吃，我说还在吃。他和朱仲丽同志再三叮咛我说："不能再吃了，等胃肠好了再吃。"他留我在他那里吃饭，并拿出他自己吃的烤馒头片让我吃，说这像饼干一样，有助胃肠的消化。他还嘱咐我说："你回去后也烤一些。"过了几天，我们又见面了，他问我吃没吃烤馒头片，我说没吃，他严肃地说："你不要满不在乎，闹成溃疡，胃肠大出血就危险了！"从馒头片这个小事例可以看出，稼祥同志作为我党我军的一位高级领导人，对同志的关心、爱护是很周到的。①

作为党和红军的高级领导人，王稼祥在生活中总是严格要求自己和家人，从来不搞特殊。朱仲丽回忆道：

> 在延安，我因怀孕恶心呕吐，不得不施人工流产。流产后才三天，即

---

① 王震：《谦虚谨慎，决不诿过喧功——怀念王稼祥同志》，王稼祥选集编写组：《回忆王稼祥》，北京：人民出版社，1985年，第5页。

投入紧张的医务工作中，蹚河水、吃冷饭，身体很弱，极需加强营养，稼祥也没有为我专门炖一只鸡或烧锅肉。他告诉我，来延安的爱国者一天比一天多，国民党反动派加紧了经济封锁，边区人民的吃饭穿衣都很困难，我们身为领导，不能脱离群众。我在他的教育下，也能以身作则。

第二年，我继小产之后又得了败血症心肌炎，他让自己的警卫员同志抽空照顾我。我当时已是一个垂死的急性病患者，他每日开会至深夜才归。我知道抗日战争正处在战略相持阶段，他协助毛主席主持军委的日常工作，重任在身，无暇顾我。我对他毫无私情上的过分要求。一年后，我又患急性盲肠炎，医生决定第二天施割阑尾手术。鉴于延安生活困难，生孩子就影响工作，当晚，我把趁割阑尾手术的同时，结扎输卵管的想法告诉他，征求他的看法，没料到他马上同意，表现得那么豁达开通。我问：我们今后不生小孩，你不后悔吗？他竟坦然地答道：没有孩子就不要孩子。我惊奇他极早就把家庭的生儿育女，放在极其渺小的地位，他表现了他的生命旅途中，除了献身于共产党的事业外，再无其他的兴趣和义务了。在漫长的岁月中，我俩相依为命，渡过了许多苦难，稼祥没有被生活中缺少孩子的寂寞所苦恼，反而推动着我全神贯注在自己的医务工作上。[①]

有一次，在延安召开的军委直属单位会议上，主持会议的王稼祥向大家谈了对钱的看法。他说，钱这个东西，要辩证地对待，既可爱又可恨。有了钱可以买到东西，我们的生活会过得好一点，没有钱就办不成事。在这点上讲，钱是可爱的。但钱要从正道上来，要通过自己的辛勤劳动来获得。如果违法乱纪，搞歪门邪道，甚至贪污得到的钱，那不但不可爱，而且是可恨了。不劳而获的钱是罪恶的钱。这样的人，就会犯大错误，害了人民，也害了自己。[②]

[①] 朱仲丽：《忆稼祥》，王稼祥选集编写组：《回忆王稼祥》，北京：人民出版社，1985年，第229、230页。
[②] 邓飞：《对王稼祥同志几个片段的回忆》，王稼祥选集编写组：《回忆王稼祥》，北京：人民出版社，1985年，第56页。

生活中的王稼祥待人十分礼貌而低调，与家人、身边人员都以同志关系平等相处。他的妻子朱仲丽感慨：这不仅表现在对自己的妻子，毫无大丈夫之尊，即使对身边的服务人员也很有礼貌。"我请你替我做件事""我麻烦你""我谢谢你"，他常用这些不摆官架子的语言，几十年来一贯如此。①

王稼祥从来没有将自己在工作中做出的成绩当作在家中显摆或体现地位的谈资。朱仲丽在纪念王稼祥的文章中曾这样写道：

王稼祥在延安

作为身边最亲爱的人的我，几十年来，从未听到稼祥和我谈论功劳的问题。即使像遵义会议那样的大事，我也是到了六十年代才稍知其端倪。1963年我的一个亲戚去遵义参观回来对我说：遵义会议纪念馆的讲解员，介绍遵义会议的情况时提到了王稼祥在关键时刻起到了作用。当时我把它当为新闻去问稼祥。他正在看书，抬头答应了一声，就又继续低头看他的书了。"文革"中，我替他抄写自述材料，只提一句，"在遵义会议上，我是支持毛泽东同志的"。直到林彪事

---

① 朱仲丽：《忆稼祥》，王稼祥选集编写组：《回忆王稼祥》，北京：人民出版社，1985年，第230、231页。

件发生之后，我看到聂荣臻元帅揭露林彪罪恶的书面材料中有一段提到在长征路上，因脚痛坐担架，和王稼祥同志一块行军，他俩商议召开遵义会议的情况，这才知道多一些。于是，我有兴趣地再问稼祥。他这才认真地回答：当时，我们到了离遵义不远的地方，我因负伤，毛主席因身体不好，坐担架同行。我提议：前面快到遵义城了，这样下去不行，该把李德轰下台了，开个会总结经验。毛主席当即回答：好，应该开个会，还要多做些会前的活动工作。我先同张闻天同志谈了，后来又取得周恩来同志的同意，这样，会议顺利召开。我在会上批判了李德、博古的错误指挥，赞成了毛泽东同志的意见。稼祥这番回答自认为够详细的了，可对我来说，仍然不了解其全貌。稼祥去世之后，我有机会同伍修权同志谈及会议上的详细情况，才算是始末大致弄清。①

从上述朱仲丽、王震等人的回忆片段中，我们脑海中会很自然地浮现出这样一个忠诚、低调、谦逊、自律的人物形象。是的，这也正是王稼祥作为延安时期中国共产党人的典型而光辉的模范形象！

---

① 朱仲丽：《忆稼祥》，王稼祥选集编写组：《回忆王稼祥》，北京：人民出版社，1985年，第222、223页。

"永远跟着党走，只有共产党才能救中国！"

——续范亭

续范亭是山西崞县（今原平）人，早年参加中国同盟会，1932年任国民党西安绥靖公署驻甘肃行署参谋长、陆军新编第一军中将总参议。"九一八事变"发生后，饱含爱国热忱的续范亭不忍民族陷于危亡，于1935年亲赴南京呼吁团结抗日，并于中山陵前割腹明志。虽幸遇救并送医院紧急治疗，但因为内脏受伤，续范亭的身体受到了严重伤害，此后肺病、胃病经常复发，必须长期休养。

1936年冬，在西安养伤的续范亭亲历了震惊中外的"西安事变"，并自觉接受了中国共产党"停止内战，一致抗日"的主张①，回到山西积极推动抗日救亡运动。1937年全面抗战爆发后，续范亭参加了中国共产党倡导成立的统一战线组织——第二战

抗战期间担任战地总动员委员会主任委员的续范亭

---

① 续范亭后来曾感慨地说："要是早就认识了共产党，我也不会到中山陵去自杀了！"1945年4月，他在一首白话诗中写道："西安事变找到了共产党，使我认识了中国革命的总方向，由此转了弯。"见续范亭：《清明节后有感》，续磊、穆青编著：《续范亭文集》，北京：人民出版社，2013年，第282、365页。

区民族革命战争战地总动员委员会,被推为主任委员,并兼任山西第二区保安司令,协助八路军在山西前线抗战。此后担任山西新军总指挥,晋绥边区行政公署成立后,被拥戴为行署主任,并被任命为晋绥军区副司令员,坚持抗战。1941年夏,因积劳成疾,续范亭赴延安休养。

续范亭与妻子许玉侬感情甚笃。1936年1月,他因在中山陵前剖腹明志,住进中央医院,妻子偕女儿续磊从兰州赶到南京照护时,他在病榻上写道:"为抗东邻不顾家,英雄儿女两咨嗟。小侬千里随娘至,问道爸爸你好些?"①

1937年初,续范亭从西安回到山西。此后续范亭和夫人只是于1940年初在晋西北团聚了半个月。当时因日本侵略军在山西频繁进行残酷扫荡,许玉侬带着孩子便又返回西安。1941年续范亭来到延安后,当时只有在延安保育小学读书的女儿续磊陪伴在他身边。1942年春节期间,续范亭在边区交际处住所吟咏了三首诗,表达了强烈的思念妻儿之情。一首是《忆西安》:"西北春寒夜正阑,宇儿影下忆西安;围炉幸有小侬在,详数胡须仔细看。"诗末自注:"西安家眷阻隔不能来,春节将届,小侬放学回来围炉闲坐,细数我胡须,右旁又增加了两根,而左旁却又减了一根,结果还是增加了一毛。"另一首是与女儿续磊合写的《春夜思母弟》:"放学归来娘未还,春寒思母忆长安;灯前幸有爸爸在,共笑宇眉黑又端。"诗末自注:"续磊是我的长女,今年十五岁,由保小毕业回来,她的妈妈尚未来。她的小弟名宇,眉毛黑又端,相片正在面前,灯前围炉共笑以慰春寒。"再一首《盼与怕》:"又盼玉侬来,又怕玉侬来;果真玉侬来,碍我见如来;又怕玉侬来,又盼玉侬来;玉侬果真来,玉侬是如来。"对妻子、孩子一片真挚的深情,跃然纸上。②

1942年冬,经中共党组织的积极帮助,续范亭突破国民党特务的跟踪和

---

① 续范亭:《自遣》(之二),续磊、穆青编著:《续范亭文集》,北京:人民出版社,2013年,第45页。续范亭深爱自己的妻子和孩子,大女儿续磊出生时,续范亭依妻子许玉侬的名字玉侬,给她起名为"小侬"。见续磊:《父女间——怀念我的父亲续范亭》,续磊、穆青编著:《续范亭文集》,北京:人民出版社,2013年,第375页。

② 穆欣:《续范亭传》,北京:华夏出版社,1998年,第347、348页。

封锁，终于把玉侬母子接到了延安。

续范亭的女儿续磊后来在回忆中详细描述了这段经历：

> 随着爸爸革命车轮的快速旋转，我们这个小家庭很快便汇合到革命的大家庭中来了。1942年底，妈妈带着两个小弟弟，突破国民党特务的跟踪和封锁，终于来到了延安。我的妈妈那年因晋西北敌人残酷扫荡，不便久留，住了几个月就返回了西安，后来因为又生了个小弟弟，加上特务的监视，爸爸到延安后，她一时还来不了。爸爸在南泥湾的诗作中写过一首想念妈妈的幽默趣诗："七巧今年太不巧，银河隔岸水浩涛；莫非织女嫌郎老，指点喜鹊勿架桥。"这也是"父女相依""家况似萧恩"①诗句的由来。爸爸和妈妈感情深厚，志气相投，妈妈读书不多，却具有正直刚强、慷慨无私的品格，她和爸爸同甘苦共患难地生活了二十年。爸爸在延安，由于重病，又是党外人士，生活上是受到组织上格外照顾的，但他却常常为此而感到内疚和不安，十分注意节约开支。那时妈妈和弟弟们在西安主要靠朋友的帮助和变卖衣物度日，经济上相当困难，但爸爸却写信给妈妈要她尽力克服说："只要能

续范亭夫人许玉侬和两个孩子在一起（1942年）

---

① 续范亭在南泥湾休养时曾赋诗云："父女相依陶宝峪，年来家况似萧恩，不愁丁府催鱼税，草堂安卧懒闭门。"见续磊、穆青：《续范亭文集》，北京：人民出版社，2013年，第195页。

过的去,总不愿意多花抗战的公家钱,这是你知道我的。我存有的现洋,也为抗战花完了。""我知道你颇有独立精神的!对于小事处理,比我强得多,但是你在大的方面还须要向我学习,这并不是吹牛,我这一次病非常重,但是我用坚强的意志和种种的方法把它养好了。现在身体比去年还要好些,请勿念!"①

一家人在延安期间,共同度过了一段欢乐的时光。续磊回忆道:

> 记得那年我们全家住在联防司令部山坡上的几孔窑洞里。热火朝天的大生产运动和新秧歌运动互相辉映,爸爸也找来一部纺车放在他的室内,他精神好时,就盘腿坐在地上,轮转纺车学纺线。爸爸热爱劳动的这种可爱的举止,深深地感染着我和弟弟。有一天秧歌队敲锣打鼓,接连不断地来联司演唱,七岁的弟弟,竟不去看热闹,悄悄地躲在爸爸屋里,毛手毛脚地纺起线来。我看秧歌回来,见到他这副样子又可爱,又好笑。后来,我们搬到平地新建的一排石窑洞居住,罗贵波②叔叔由晋西北到延安开会时,曾和我们住在这里,亲如家人。妈妈和爸爸身边工作的同志一起,在门前的空地上种了二百多棵西红柿、茄子和大蒜等各种蔬菜。妈妈还用麦麸晒制了几大缸鲜美的酱油呢!那时我们延安中学也拾粪积肥,种瓜种菜。我把弟弟纺线的情景和我与同学们抬着粪筐在马路上闻到马粪味,赶快跑去抢拾的高兴劲头,写了两篇作文,谁想不久,竟作为学校的作文展览张贴出来了。这也是革命学校、同志和父母热爱劳动对我潜移默化的影响。③

---

① 续磊:《父女间——怀念我的父亲续范亭》,续磊、穆青编著:《续范亭文集》,北京:人民出版社,2013年,第395页。
② 罗贵波(1907—1995),生于江西省南康县,1927年加入中国共产党。抗战期间,先后任晋西北党委副书记兼军事部长、统战部长,八路军120师民运部长、358旅政委、晋西北新军政委、中共晋绥分局委员、晋绥军区第八军分区司令员兼政委。
③ 续磊:《父女间——怀念我的父亲续范亭》,续磊、穆青编著:《续范亭文集》,北京:人民出版社,2013年,第396页。

抗战胜利后,在延安鲁迅艺术学院学习的续磊,主动报名参加了奔赴东北干部团中的鲁艺工作队,随东北干部团进军东北。续范亭年老病弱,十分留恋父女在延安度过的难忘岁月,在依依惜别之时,他毅然鼓励女儿随军东征。续磊回忆道:

1946年初春,续范亭与女儿续磊在延安杨家岭

> 当年我虽是个将满十七周岁的少女,爸爸又在重病之中,而他老人家却热情地支持鼓励我为革命远征的志愿。告别的时刻,爸爸强忍眨动着蕴泪的双眼,用刚毅的语调对我说:"去吧,奋斗去吧!革命工作是艰苦的。""永远跟着党走,只有共产党才能救中国!"①

多年以后,续磊偶然间发现了父亲曾经拜托鲁艺文学系主任舒群照顾她的一封信,不禁感慨不已。续磊充满感情地写道:

> 我要特别感谢舒群老师。他是文学系主任,又是鲁艺工作队的领导成员之一,他对我一直很关怀。几年前,他的长子李霄平带来一封复

---

① 续磊:《父女间——怀念我的父亲续范亭》,续磊、穆青编著:《续范亭文集》,北京:人民出版社,2013年,第372页。

制的信件，那是我父亲续范亭在我们从延安出发的前夕，写给舒群同志的亲笔信，难得在动乱年代保存了下来，特抄录于此："舒群同志，你来了两次都未能一谈，歉甚！小女续磊随你们去东北工作，请你多加指导。北去天气很冷，每人最好能带一件毛衣和棉衣，我的身体日渐好转，请释念！即此祝你一路健康，工作顺利！再会！续范亭八月廿七日"。①

续磊从延安临出发之前，趁着在鲁艺礼堂前集体合影的机会，拍了一张单人小照，托付系里的好友洗印后送交父母留念。续范亭看到照片，不禁有感而发，口占五言诗一首：

阿爷无大儿，
续磊无长兄，
愿随工作队，
从此替爷征。
革命事业大，
非可期速成，
临行拍此照，
聊以慰双亲。②

续磊在回忆文章中也记述道：

我走后不久，一位同学将我临行时拍摄的单人小照送交我的父母。父亲看到后，即抒发他对女儿的思念和期望之情，曾仿《木兰词》，书写了

---

① 续磊：《从延安中学到鲁艺》，文化部党史资料征集工作委员会、《延安鲁艺回忆录》编辑委员会编：《延安鲁艺回忆录》，北京：光明日报出版社，1992年，第249页。
② 续范亭：《念续磊》，续磊、穆青编选：《续范亭文集》，上海：上海人民出版社，1985年，第204页。

陕甘宁边区政府交际处

"念续磊"一诗歌:"阿爷无大儿,续磊无长兄,愿随工作队,从此替爷征。革命事业大,非可期速成,临行拍此照,聊以慰双亲。"诗后注曰:"续磊吾之长女,今年18岁,1945年随军东征,病中念及,代为此句。"①

续磊离开延安后,续范亭非常想念女儿,甚至把对女儿的思念移情到当时所住的边区政府交际处负责人金城的女儿身上。金城在《延安交际处回忆录》中写道:

> 续范亭由于想女心切,竟把思念之情转移到我的小女儿金戈身上。那时交际处有一条不

---

① 续磊:《从延安中学到鲁艺》,文化部党史资料征集工作委员会、《延安鲁艺回忆录》编辑委员会编:《延安鲁艺回忆录》,北京:光明日报出版社,1992年,第249、250页。

— 147 —

成文的规矩,工作人员的子女不准到客人那里去。但续范亭却拉着金戈"交朋友",每天给她三个板栗吃。渐渐成了习惯,每天上午九十点钟,由金戈来看望他,他则预备好三个板栗,放在火炉上,让金戈拿走。一天,毛主席来找续范亭谈话,正谈话间,金戈推门进来了,续范亭向毛主席介绍说:"这是我的好朋友。现在大家都忙,不能经常来看我,只有这个小孩子天天来一趟,我就每天给她三个板栗。"毛主席笑了,幽默地说:"这个孩子很懂党的策略方针,有'礼'(理)有'栗'(利)"。①

续磊在东北期间,与同在东北日报社工作的年轻记者穆青结了婚。续磊还给父母写过几封信,并附有自己和爱人穆青的照片。续范亭撤离延安住在绥德时,收到了一封。那时续磊的妈妈已按照中央统一部署的转移安排,带着弟弟渡河到了山西兴县。续范亭高兴地写信给夫人许玉侬说:"小侬又来信及相片两张都附去你一看,的确她是长进了,这也是她爱人的帮助,我这里给她写信呢。你们如果能照个相片写封信,寄来这里好了。"续范亭还给续磊写过两封很长的信,可惜因为时局变化在转寄中遗失了!

1946 年,当续范亭从延安《解放日报》上看到所转载的续磊撰写、反映东北农村土改后翻身农民喜庆的报道和哈尔滨市解决贫苦市民住房的通讯《安家立业》,高兴地对夫人许玉侬说:"这不就是小侬给咱们写来的信嘛!"②

---

① 金城:《延安交际处回忆录》,北京:中国青年出版社,1986 年,第 95 页。
② 续磊:《父女间——怀念我的父亲续范亭》,续磊、穆青编著:《续范亭文集》,北京:人民出版社,2013 年,第 398 页。

"我从人民群众身上看见了无穷的力量！"

——叶挺

叶挺是北伐名将，1896年出生于广东省惠阳县，早年投身孙中山先生领导的国民革命，1919年加入中国国民党。1924年赴苏联留学，同年加入中国共产党（旅莫支部），后回国担任国民革命军第四军独立团团长，其所在的独立团成为在中国共产党领导下的正规的武装部队，参加了北伐战争，建立了赫赫战功，赢得了"铁军"称号。1927年8月叶挺参加了南昌起义，担任前敌总指挥。抗战爆发后，叶挺出任新四军军长，率领部队积极抗战，参加大小战斗四千余次，新四军也从初创期的一万余人很快发展到十万人。

叶挺手迹：抗战到底

1941年1月，国民党顽固派发动了震惊中外的"皖南事变"，新四军军长叶挺为了解部队之围，挺身而出，与国民党军队进行谈判，却遭无理扣留而被俘。被俘期间，国民党当局采取各种手段，千方百计地引诱叶挺发表声明，企图将"事变"的责任推到中国共产党和新四军身上。叶挺面对敌人的威胁利诱，坚贞不屈，1941年11月21日，在重庆郊外洪炉厂的囚室中，他有感而发，写下了著名的《囚歌》：

为人进出的门紧锁着，
为狗爬出的洞敞开着，
一个声音高叫着：
——爬出来吧，给你自由！

我渴望着自由，
但也深深地知道——
人的躯体怎能从狗洞子里爬出！

我希望有一天
地下的烈火，
将我连这活棺材一齐烧掉，
我应该在烈火与热血中得到永生！①

为了争取叶挺这员虎将，蒋介石还于1942年5月12日亲自接见叶挺，假惺惺地关心他在监狱中的情况，希望叶挺能够认真反省，并告诉他还是有好的出路的。叶挺不为所动，不仅理直气壮地声明自己并没有错，还当面揭发了国民党围歼新四军的罪恶，愿以自己的生命换取部属的无条件释放，被蒋介石无理拒绝。

此后，叶挺遭受国民党当局的长期关押，从1941年1月被俘到1946年

---

① 摘自《革命烈士诗抄》，中国青年出版社1962年版。转引自《叶挺》，陈志凌主编：《中共党史人物传精选本》（5），北京：人民日报出版社、中央文献出版社，2001年，第50、51页。

3月被释放前,五年多时间内,先后被囚禁于江西上饶、重庆、湖北恩施及广西桂林等地。虽然换过几个地方,有时候由监狱的囚室变成严密看护与软禁,但就是迟迟不给他自由。

叶挺的妻子李秀文,是澳门的大家闺秀,抗战初期,曾把自己母亲的养老金拿出来给叶挺采购新四军抗战所需的武器。①为了支持叶挺的正义行为,同时也为了照顾叶挺的生活,她毅然带着孩子们来到叶挺身边。一家人在这个特殊的时刻团聚了。

一家人虽然相聚了,但面临的困难却非常大。首先就是生活上的拮据。

曾在新四军军部编辑《抗敌》报的马宁,化名疏散到桂林的时候,知道叶挺被软禁在桂林七星岩附近,便寻机看望了叶挺。据马宁后来回忆:

叶挺与夫人李秀文及子女在一起

> 叶挺军长这时候也把他的经济情况告诉我:他现在的一家连亲友在内,有十几口人吃饭,生活来源,几乎全靠李秀文姐夫麦畅生每天到丽泽门外去摆地摊,拍卖夫人李秀文从澳门娘家带出来的行李。卖一点吃一点。海内外不少

---

① 黄鸣:《跟随军长三年》,人民出版社编:《回忆叶挺》,北京:人民出版社,1981年,第164页。

同情军长的人，四面八方地汇钱来，可是军长只能收到来信，汇票都不翼而飞。到邮局去查询，都答："这是上头的命令。"军长一家只能靠摆地摊过日子。"我那架照相机也卖掉了。"①

国民党当局对叶挺的孩子也不放过，经常找各种借口进行刁难。马宁无奈地写道：

> 叶军长留我们吃午饭。边吃饭，军长边对我闲谈。为防隔墙有耳，他细声地告诉我：他的长子叶福农，原在澳门读完初中，因为葡萄牙殖民主义者跟国民党反动派通气，把叶家的孩子也看成危险分子，他只能返回内地来上学。谁知他虽已考上桂林中山中学高中一年级，还是名列前茅的，可是成绩再好也还是不让他注册。②

这些困难甚至刁难，没有摧垮叶挺和家人的意志。在与马宁的交谈中，叶挺深有感触地说：

> 应该向老百姓学习！我叶某今天学会劳动，学会养猪、放羊，都是向老百姓学来的。你知道吗？今天人民想的是什么？他们看见我卷起裤脚下到河里去捞鱼草，便不约而同地把小船划过来，用竹篙帮我扒鱼草，这里扒，那边扒，男女老小一齐扒——哈！假如有水陆两用船，他们一定每天会载一船猪草送上我叶家来。我从人民群众身上看见了无穷的力量。我看蒋介石是最大的笨蛋！他以为把我叶某软禁起来，就能令我灰心丧志，其实正相反，是把我叶某载到千百万人的心窝里来了；他是把全中国的老百

---

① 马宁：《叶挺将军囚居桂林的时候》，人民出版社编：《回忆叶挺》，北京：人民出版社，1981年，第126页。
② 马宁：《叶挺将军囚居桂林的时候》，人民出版社编：《回忆叶挺》，北京：人民出版社，1981年，第129页。

姓都推到共产党这边来了。①

叶正大也回忆到父亲带领着全家人克服困难,靠自己的力量开荒种地的情景:

> 在特务分子的严密监视下,爸爸想方设法解决家庭的生活困境。就在我们搬到郊外的第二个星期,爸爸把妈妈的首饰卖了,到市场去换回来十几只山羊和四只小猪。爸爸每天带我们到山上放羊,到山后的小河去捞水草,捞好后,挑回来喂猪。冬天,虽然小河没有结冰,水却相当冷,我们还是一样地去捞猪草。爸爸还带我们在房前开荒,种上各种蔬菜。每天在太阳出来之前,爸爸还教我们在草地上挖地衣,因为太阳一出来,地衣就要化掉了。有时爸爸还让我们带上小篮子,到地里捡被人挖剩的菜根、甘薯根或野生慈菇等。我们家里穷,孩子多,买不起肉吃,晚上爸爸就领着我们,用破布条缠在竹竿上的头上,涂点桐油烧着,到附近的池塘去照田鸡。每去一次,第二天就能美美地吃一顿田鸡肉。
>
> 爸爸常常告诉我们:我们本是农家子孙,只要我们有双手,我们就能生活。只有劳动,才能有饭吃;不劳动的人,是寄生虫,是吸血鬼。爸爸就是这样,从实际的条件中想尽各种办法,自己动手,解决全家十几口的生活问题,自己带头做表率,从小培养我们热爱劳动的好习惯。②

叶挺夫人李秀文不仅关心叶挺和孩子们的身体与成长,还对叶挺身边的工作人员给予了无微不至的关怀。担任叶挺内勤的黄鸣回忆:

---

① 马宁:《叶挺将军囚居桂林的时候》,人民出版社编:《回忆叶挺》,北京:人民出版社,1981年,第130页。
② 叶正大等:《和爸妈在一起生活的日子》,人民出版社编:《回忆叶挺》,北京:人民出版社,1981年,第173页。

叶挺和家人在一起

（叶挺将军的）夫人李秀文，心地善良。她喜欢写毛笔字，每天把写好的字放在一块，整整齐齐。那字写得工工整整，横竖成行，怎样看怎样好看。有一天，夫人把我叫到跟前，给我一支红杆的铅笔，一个带方格的本子，要我学习写字。她说："你年纪很轻，要努力学习，将来有大用处。"我接过这两件东西，从此便开始学习文化。我现在能够看书看报，这跟军长和夫人的帮助是分不开的。

李秀文同志有时给军长准备一些水果，她就叫我吃。我不愿拿，她就亲自送到我的床头，还说："吃了再拿。"①

在艰难的环境中，叶挺也不忘对孩子的教育，尤其是鼓励孩子们多多关心妈妈。叶挺后来被从广西桂林转移软禁到湖北恩施，为了减轻妻子的负担，便让叶正明、叶华明、叶扬眉三个孩子来到他身边，并在恩施当地上学。孩子们回忆说，当时我们每礼拜回家一次，每次回家后，爸爸总让我们给妈妈写一封信。每次回家，爸爸也总给我们讲共产党、八路军和新四军抗日救国的道理和英勇杀敌的故事。②

在党组织的积极营救和社会各界的广泛呼吁下，1946年3月4日，叶挺将军终于被国民党当局在重

---

① 黄鸣：《跟随军长三年》，人民出版社编：《回忆叶挺》，北京：人民出版社1981年，第163页。
② 叶正大等：《和爸妈在一起生活的日子》，人民出版社编：《回忆叶挺》，北京：人民出版社，1981年，第176页。

庆无条件释放。

叶挺从国民党监狱出来的第二天，即1946年3月5日就致电中共中央和毛泽东，表达了重新申请入党①的意愿。在重庆中共南方局负责人董必武、王若飞等为他举行的接风宴上，叶挺激动而恳切地说："马列主义给了我理想和信念，党组织不断给我教育和帮助，使我认识到一个真理，只有马列主义才能救中国。党走的路，就是我走的路。我个人是渺小的，除了为人民，为最广大的劳动人民，还能有什么？我迫切想到延安去，到人民中间去，贡献自己的一切！"②

在延安的中共领袖毛泽东接到叶挺的入党申请书后，立刻代表中共中央写了热情洋溢的回电，同意接受叶挺的入党申请。

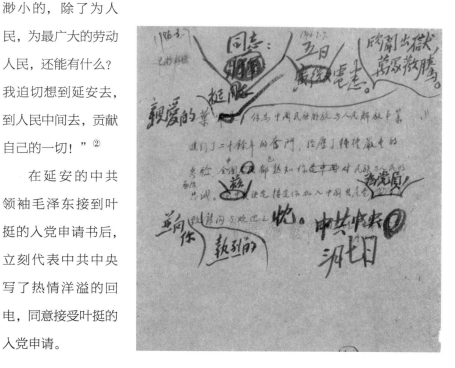

中共中央关于同意叶挺入党的复电

---

① 叶挺于1924年12月经王若飞、聂荣臻介绍加入中国共产党，后参加北伐战争和南昌起义。1927年广州起义失败后，由于当时党内"左"倾路线领导人错误地给予叶挺开除党籍处分，叶挺便赴苏联希望向在苏联的中共领导人汇报，却受到当时以王明为代表的"左"倾路线领导人的指责和冷遇。叶挺一气之下，离开莫斯科，流亡德国等地，也脱离了党的组织。

② 阳翰笙：《怀念叶挺同志》，人民出版社编：《回忆叶挺》，北京：人民出版社，1981年，第32页。

复电说:"你为中国民族解放与人民解放事业进行了二十余年斗争,经历了种种严重考验,全中国都已熟知你对民族与人民的无限忠诚。兹决定接受你加入中国共产党为党员,并向你致热烈的慰问与欢迎之忱。"①

特别值得一提的是,在毛泽东修改的中共中央复电中,一开始的抬头是"叶挺同志",后来毛泽东又特意在前面加上了"亲爱的"三个字,对叶挺的喜爱与赞赏之情,跃然纸上。

中国共产党在南方的地下党组织第一时间把叶挺出狱的消息告诉了李秀文。李秀文获悉这个消息非常高兴,不顾国民党特务的盯梢捣乱,毅然收拾了简单的行装,带着女儿叶扬眉和最小的儿子到重庆迎接叶挺。②

经历了数年的艰辛与磨难,叶挺、李秀文一家人终于自由地团聚在一起。

1946年4月8日,叶挺与夫人李秀文、女儿叶扬眉和幼子乘飞机从重庆赴延安。令人扼腕的是,由于中途天气恶劣,飞机不幸失事,叶挺和夫人李秀文及两个孩子全部遇难!

叶挺和夫人遇难牺牲后,其余的孩子们受到了党组织无微不至的关怀,并在党的怀抱中健康成长。孩子们后来充满感情地回忆说:

尤其是周伯伯和邓妈妈③,把党的温暖输入了我们的心田,真是比亲生父母还亲。周伯伯和邓妈妈经常关怀我们的生活,给我们讲解延安精神,教育我们要继承先烈的遗志。周伯伯给正大题词"努力学习,艰苦奋斗",给正明题词"闻鸡起舞做革命将军的好儿子",还给正明讲"闻鸡起舞"的典故。1960年暑假,周伯伯在百忙中抽出几个钟头的宝贵时间,专门给阿剑讲家史,从爸爸十五岁参加农民的自发组织,讲到爸爸加入党,才

---

① 中共中央文献研究室:《毛泽东年谱(1893—1949)》(下卷),北京:中央文献出版社,2013年,第60页。
② 叶正大等:《和爸妈在一起生活的日子》,人民出版社编:《回忆叶挺》,北京:人民出版社,1981年,第179页。
③ 即周恩来和邓颖超,孩子们亲热地称呼周恩来为"周伯伯",称呼邓颖超为"邓妈妈"。

真正找到革命的道路，继而又讲到南昌起义、广州起义和爸爸的流亡生活及皖南事变的事迹，对于爸爸每个革命时期的活动都给了正确的评价。最后，周伯伯高度赞扬了爸爸的一生。周伯伯说：你们爸爸的一生，就像天上的彗星，虽然出现的时间很短，但是却给人们留下了很深刻的印象，也就是说，虽然你父亲才仅仅活了五十岁，但是他却为革命作了很多工作。①

叶挺将军所倡导并坚持的良好家风，通过他的亲密战友周恩来，通过中国共产党的领导人，延续给了下一代，也把老一辈革命家的优秀品质和优良作风，一代代地传递下去，成为我们今天共同珍惜的宝贵精神财富。

---

① 叶正大等：《和爸妈在一起生活的日子》，人民出版社编：《回忆叶挺》，北京：人民出版社，1981年，第179、180页。

> "你们不但要习惯于喝小米粥,还要习惯于吃小米饭。"

——茅盾

1921年7月23日,中国共产党第一次全国代表大会在上海秘密召开,这也标志着中国共产党的正式成立。党的"一大"召开期间,因为突然来了不速之客,为安全起见暂时休会。7月31日,会议代表在会议组织者的引导下转移到临近上海的浙江嘉兴南湖,并在南湖的一只游船上顺利完成了后续会议议程。鲜有人知道的是,当时能够从上海转移到嘉兴南湖,是由这其中的会务和选址等工作得到了许多人的秘密帮助,他们中间,就有著名作家茅盾的家人和亲戚。

茅盾的儿子沈霜(韦韬)在后来的回忆文章中,详细还原了当时珍贵的历史场景:

> 由于经常为《共产党》写稿,父亲与李达的交往也就日趋密切。那时父亲的一个远房姑母王会悟(她比父亲还小两三岁)从乌镇来到上海,父亲把她介绍给了李达,不久他们就结婚了。党的一大召开时,临时把会址转移到嘉兴南湖,就是王会悟出的主意;而在嘉兴租借南湖的游船,则是父亲的内弟孔另境(当时他正在嘉兴中学念书)出力联系的。[①]

[①] 韦韬、陈小曼:《我的父亲茅盾》,沈阳:辽宁人民出版社,2004年,第8页。

早在1920年，茅盾就参加了陈独秀等人在上海发起的中国共产党早期组织，1921年正式加入了中国共产党，成为中国共产党最早的五十几位党员之一。遗憾的是，由于亲历了1927年大革命的失败和巨大挫折，茅盾情绪低落悲观，且因遭受蒋介石的通缉而长期脱离了党的组织。虽然没有在党内参加党的活动，但茅盾作为著名的左翼知识分子，在国民党统治区倡导并开展进步文化方面，依然发挥了重要的作用。

茅盾一家（1938年于香港）

1940年5月，经过中国共产党的精心安排与组织，茅盾带领全家脱离了新疆的险境，来到延安，随行的还有与他一起从新疆回来的著名学者、共产党员张仲实[①]。他们在周恩来的高度重视和周到安排下，一路从新疆辗转到达西安八路军办事处，并随朱德一行乘汽车到了延安。这次来延安，茅盾是做好了常住延安的准备的。他是著名作家，在文化界有较高的地位和影响，因此组织上特意安排茅盾一家住在当时延安条件较好的边区政府交际处。

茅盾在一篇文章中，以解放了的并且是畅快的心情详细介绍了自己和家人刚刚来到延安的情景与

[①] 张仲实（1903—1987），陕西省陇县人。1925年加入中国共产党，20世纪30年代与茅盾在上海结识，共同策划、出版了一批进步书刊。1939年两人结伴前往新疆工作。1940年张仲实回到延安后，先后在马列学院、中央政治研究室、中央宣传部等部门工作，主要从事编译和出版工作。

感受：

在交际处，我和仲实各住一孔窑洞，亲身体验了窑洞的风味。早餐，我们又尝到了延安的小米粥，这是在上海难得吃到的。但儿子不喜欢吃。我对两个孩子说：你们不但要习惯于喝小米粥，还要习惯于吃小米饭，因为我们将长住延安，而你们将进抗大或其他学校学习。第二天琴秋①就来看望我们，她是女子大学的教育长，她建议亚男②去女子大学，阿桑③进毛泽东青干校。女大是新创办的学校，专门培养女青年，这对亚男很合适。让阿桑进青干校是考虑到他身体太弱，进抗大不适宜。但是儿子不愿去青干校，要去陕北公学，因为他从《西行漫记》上只知道有个"陕公"，却不知有"青干校"。琴秋解释道：青干校学生的来源比较单纯，都是像阿桑那样的学生，而陕公则庞杂。然而儿子不听，只得让他进陕公。④

茅盾在延安鲁艺讲课

---

① 即张琴秋（1904—1968），浙江桐乡县人，与茅盾的妻子孔德沚是小学同学。1924年加入中国共产党。1925年11月，张琴秋与茅盾的弟弟、共产党员沈泽民结婚（1933年沈泽民不幸病逝）。曾任红四方面军总医院政治部主任、红四方面军妇女独立师师长、红四方面军组织部政治部部长，参加了长征，后随西路军作战失利被俘。1937年10月，张琴秋经党组织从国民党监狱营救回到延安，先后在抗大、中国女子大学、中央妇委工作。
② 亚男，即沈霞，茅盾的女儿。
③ 阿桑，即沈霜（韦韬），茅盾的儿子。
④ 茅盾：《重逢闻天在延安》，《回忆张闻天》编辑组编：《回忆张闻天》，长沙：湖南人民出版社，1985年，第157页。

后来茅盾在延安鲁艺工作，两个孩子则分别在陕北公学和延安女子大学读书，茅盾就和妻子搬到了鲁艺的窑洞里。

延安的一切对初来乍到的茅盾既新鲜又富有意义。他在一篇记鲁艺的文章中描述了这里的工作场景和生活情况：

六月初，借寓于"鲁艺"所在地的桥儿沟的东山。一住四个月，双十节始离延安南下至重庆。这四个月，我可说是和"鲁艺"生活在一起的。我在我的寓居——窑洞里，可以听得山下"鲁艺"上课下课的钟声，可以听得音乐系的学生们练习合唱。我走出窑洞，在门外的空场上停立，就可以看见山下"鲁艺"校舍的全景，看见一律灰布制服的男女学生在校舍各处往来。我向对面看，西山那一排新开的整整齐齐的窑洞以及那蜿蜒曲折而下数百步的石级，实在美丽而雄壮，那是"鲁艺"附属的美术工场所在。我还可以俯瞰东山与西山之间那"山谷"中的一片绿野，这里布满着各种农作物——青菜、茄子、玉蜀黍、南瓜、洋薯、番茄。而番茄尤为桥儿沟的特产，是从前西班牙的一个神甫从西方带了种子来的……

从我所住的窑洞出去，沿着半山腰的路，绕过另一个山头，便到了延安颇有名的"鲁艺教员住宅区"。这儿也一律是窑洞。这里是文艺家之家，但正因为住的是文艺家，所以每一个窑洞的布置装饰各不同，充分表现出那主人的独特的个性来。每一个艺术家运用他巧妙的匠心，从最简陋的物质条件中亲手将他们的住所（窑洞）布置得或清雅，或明艳，或雄壮而奇特。每当夕阳在山，红霞照眼，这遥遥相对的东西两山教员住宅区与美术工场区，便有一簇一簇的人儿在他们门前的广场上（请记得，这是在山顶，扩展到大可作球戏的广度，横跨了两三个山头的），逍遥散步，谈天游戏。

艺术家的夫人们用她们自制的小坐车推着孩子们慢慢地走，或者是抱着挽着她们的孩子们聚在一堆谈天。她们也是一律的灰布制服，但是她们的"小天使们"却一个个打扮得新奇艳丽——用了她们在"外边"所穿的衣服为原料,用了她们巧妙的勤劳的十指。你也可以看见那边一小堆人谈吐得很热烈,从前线回来不久的小说家荒煤,在滔滔不绝有声有色地讲述着前方的文艺工作、民众运动,巨人型的木刻家马达,叼着他那手制的巨大烟斗,站在旁边听,照例是只把那浓眉的耸动来代替说话。

朗爽的清脆的甜蜜的各样笑声,被阵阵的和风,带到下边的山谷里,背驮着斜晖的牛羊从对面山坡上徐徐而下,而"鲁艺"的驴马群也许正在谷中绿草地上打滚嬉戏地追逐。

"鲁艺"生活的一部分的氛围,就是这样的!①

在延安期间,茅盾除了积极参加延安文艺界的各种活动,举办相关讲座,培养文艺人才外,还把自己珍藏多年的鲁迅亲手替他抄写的《答国际文学社问》手稿捐献给延安文艺界,并参加了鲁迅文化基金的募捐活动。

茅盾在延安工作、生活了不到半年,这时候,为了加强国统区文化战线的力量,中共南方局负责人周恩来自重庆来电,希望茅盾去重庆工作,担任郭沫若主持的文化工作委员会②的常务委员,领导并开展国统区的进步文化工作。

这个时候,茅盾的两个孩子正在延安上学,如果他遵照周恩来的要求去重庆工作,刚刚稳定的一家人又要面临分别。面对两种选择,茅盾毫不犹豫地服从中央安排,决定去重庆工作。茅盾的妻子孔德沚也义无反顾地选择了与茅盾在一起,以便于能够照顾好他的生活。

他们的儿子沈霜(韦韬)后来回忆起母亲一直追随着父亲的工作和生活足迹时,感佩地写道:

---

① 茅盾:《记"鲁迅艺术文学院"》,文化部党史资料征集工作委员会:《延安鲁艺回忆录》编辑委员会编:《延安鲁艺回忆录》,北京:光明日报出版社,1992年,第86、87页。
② 1940年10月1日成立于重庆,隶属于国民政府军委会政治部,是在周恩来指导关怀下开展文化统一战线、进行抗战动员的工作机构,并产生了一大批如郭沫若创作的话剧、矛盾创作的小说《腐蚀》等优秀作品,在国统区产生了很大的影响。

这时张闻天和琴秋婶婶都建议母亲留在延安,和孩子们在一起。母亲坚决不同意,说:"孩子已经长大了,又有组织照管,我放心。我放心不下的是雁冰,他体弱多病,身边没有人照顾是不行的!"于是,母亲随同父亲一起到了重庆。皖南事变后,组织上又安排父亲去香港,同时建议母亲回延安,母亲自然还是没有同意。父亲也不愿与母亲分开,对来劝说的同志道:"我们俩比翼双飞惯了,还是一起行动罢。"①

1941年,日本侵略者进占了香港,当时已由重庆抵达香港的茅盾和其他文化界著名人士在中共党组织的安排下,秘密转移到内地。在沈霜(韦韬)关于这一段避难路途的记述中,我们看到了茅盾和妻子孔德沚之间深厚的感情:

（从香港）两个月的脱险历程,最后一段从惠阳到桂林,只有父亲和母亲两人同行。于是全部行李只得靠自己扛了。好在行李不多,母亲把一个暖水瓶交父亲负责,另外的一只小藤篮和一个包袱就由母亲背着和拎着。包袱里是一条俄国毛毯,全靠它,父亲度过了几十个寒夜。父亲觉得太不平衡,有时就抢着拎那包袱,最后达成协议,一人拎半天。②

身处战乱年代,特别是茅盾还要担负组织上交给的联络、团结、号召、组织文化界广大人士投身到抗战救国大业中的重任,因此,茅盾对在延安学习的两个孩子:沈霞和沈霜(韦韬),虽然也很疼爱并十分挂念,但实在没有时间和精力来指导和照顾他们。而特别令人悲伤的,茅盾心爱的女儿沈霞由于医疗事故,在延安不幸去世。为此,茅盾内心一直充满了深深的欠疚和悲伤,这

---

① 韦韬、陈小曼:《我的父亲茅盾》,沈阳:辽宁人民出版社,2004年,第192、193页。
② 韦韬、陈小曼:《我的父亲茅盾》,沈阳:辽宁人民出版社,2004年,第194页。

茅盾夫妇与儿子在重庆（1946年）

甚至成为他此后生活中、感情上沉重的包袱。他觉得自己给予孩子们的太少了，等到他能给予补偿时，孩子们都已长大成人，而女儿沈霞却又过早地离开了人世。①

在离开延安赴重庆期间，茅盾心中还有一件非常重要的事，希望能够如愿完成，那就是他经过长期认真的思考后，郑重地向中共中央提出了希望能够恢复自己党籍的要求。

茅盾的儿子沈霜（韦韬）后来详细描述了这件事情的经过：茅盾在延安鲁艺讲学期间，1940年8月间，与茅盾一道从新疆脱险来到延安的张仲实，兴冲冲地告诉茅盾，他的组织生活已经恢复了，催茅盾也尽早提出和解决这个问题。还没等茅盾考虑好提出的方式，有一天张闻天拿着周恩来从重庆发来的一封电报到鲁艺来找茅盾，希望他能够去重庆负责文化工作，加强国统区文化战线的力量。张闻天认为茅盾在国统区工作，影响和作用会更大些。茅盾略作沉思后就表示同意，并借此提出，请中央研究一下他的党籍问题。张闻天当即表示回去提请中央书记处研究之后，马上给以答复。过了几天，张闻天专门通报茅盾，书记处认真研究了他的请求，

---

① 韦韬、陈小曼：《我的父亲茅盾》，沈阳：辽宁人民出版社，2004年，第206页。

认为考虑到抗日民族统一战线的大局,以茅盾目前的身份和影响力,如果留在党外,对今后的工作,对人民的事业更为有利,希望他能理解。①

虽然有着巨大的遗憾,但茅盾还是表示理解组织上的考虑,并愉快地赴重庆工作了。

然而没有想到的是,直到中华人民共和国成立后,由于各种原因,茅盾始终未能解决加入党组织的问题。1981年,年近85岁的茅盾在病危期间,再次致信中共中央,希望组织上能够恢复他的党籍。中共中央很快研究并批准了他的请求,新华社还为此专门发了通讯:

新华社北京(1981年)3月31日电 中共中央收到了沈雁冰同志病危时给中共中央的信,于三月三十一日做出决定,恢复他的中国共产党党籍。决定全文如下:

我国伟大的革命作家沈雁冰(茅盾)同志,青年时代就接受马克思主义,一九二一年就在上海先后参加共产主义小组和中国共产党,是党的最早的一批党员之一。一九二八年以后,他同党虽失去了组织上的关系,仍然一直在党的领导下从事革命的文化工作,为中国人民的解放和社会主义建设事业奋斗一生,在中国现代文学运动中做出了卓越贡献。他临终以前恳切地向党提出,要求在他逝世后追认他为光荣的中国共产党党员。中央根据沈雁冰同志的请求和他一生的表现,决定恢复他的中国共产党党籍,党龄从一九二一年算起。②

经过60年的斗争洗礼,茅盾的党籍终于得以恢复,重新回到了党组织的大家庭之中,尤其令他欣慰的是,中共中央还特别明确他的党龄从1921年算起。

---

① 韦韬、陈小曼:《我的父亲茅盾》,沈阳:辽宁人民出版社,2004年,第69、70页。
② 《党中央决定恢复沈雁冰党籍》,《人民日报》1981年4月1日。

现在我们也就可以说，茅盾同志在延安时期所展现的良好家风，同样是一名忠诚而优秀的中国共产党员所展现出来的优秀品质和高尚情怀！他的革命初心从未改变！

"边区确是全中国最快乐的地方!"

——范文澜

1940年1月,著名历史学家范文澜来到延安,他高兴地表示:

我"过五关斩六将",冲破若干险阻,居然走到"梦寐求之"的边区了!快乐得把铺盖丢在汽车上。多光明的边区啊!

我到边区了!我清算过去四五十年的生活,一言以蔽之曰烦恼。现在开始清爽快乐的生活了![①]

在延安,范文澜发挥自己的专业优势,先在马列学院担任历史研究室主任,后被任命为中央研究院副院长,兼中国历史研究院主任。到延安后,他还将自己从河南带来的书籍,包括《四部丛刊》《通鉴》等约30箱,全部归入历史研究室供大家使用,为开展此后的科研和历史普及工作,提供了巨大的便利。

范文澜到延安做好了长期生活的准备。他来到延安不久,1940年秋天,妻子和孩子即从河南镇平县来到了他的身边。

范文澜和妻子戴冠芳,带着十几岁的孩子范元维,一家三口住在马列学院所在的兰家坪山上一孔窑洞里。这里既是寝室,又是书房、客厅、餐厅兼厨房。窑洞后面支着一个大床铺;前面靠窗处用几块木板支了一个大案子,是书桌,

---

[①] 董郁奎:《新史学宗师——范文澜传》,杭州:杭州出版社,2004年,第119页。

延安马列学院旧址

也是餐桌。案上有一盏小油灯,点的是蓖麻油、小麻油或煤油。范文澜就是在这盏油灯下,坐着一个木凳子,夜以继日不停地伏案工作。疲倦了就背靠墙壁略微休息一下,拿起一尺长的烟袋,抽几口当地出产的烟叶。所用的稿纸是用有光纸印的,纸质差,不好写,而且反光刺目。[①]

范文澜的爱人戴冠芳曾回忆说:范老一直是坐在一个冰冷的无靠背的木板凳上写作的,写累了就靠在窑洞的墙上休息一下,喘口气,再继续写作。为了使他能更好地写作,我后来做了一个棉垫子钉在墙壁上,使范文澜便于倚靠休息。直到1944年以后,范文澜住到中宣部时,随着陕甘宁边区生产运动的发展,大家的生活都得到了改善,范文澜也有了两孔窑洞,有了寝室和工作室,而且工作室里有

---

① 荣孟源:《范文澜同志在延安》,温济泽等编:《延安中央研究院回忆录》,长沙:湖南人民出版社,1984年,第182、183页。

一张两屉书桌、两把椅子、一盏有玻璃罩的煤油灯,工作条件略微好一些。①

由于范文澜是高级学者,按照延安时期中央对知识分子生活待遇的规定,他享受着吃小灶、穿干部服的待遇。所谓"小灶",不过就是由妻子戴冠芳把供应的口粮领出来自己做饭。由于是自己做饭,口味熟悉,他们家的小米饭,特别是稀饭,确实比大灶好吃些,土豆、白菜、萝卜等也比大灶做得可口些。当时边区棉布很缺乏,大家都穿土布,从外面买的少量斜纹布,做成衣服给领导干部和学者、专家穿,这就是所谓"干部服"。1941年冬,由于严重经济困难,在发棉衣时,马列学院研究员王实味没有领到干部服,就在中央研究院从前山吵到后山,从山下闹到山上。最后还是范文澜主动把自己的棉衣给了他,才平息了这场风波。②

范文澜与夫人戴冠芳在延安接待来访的外国记者

范文澜热情关心周围的同事。马列学院的谭余保是农民出身,第一次国内革命战争失败后,参加湘赣农民起义,曾任湘赣苏区副主席。红军主力长征后,他夫妻二人留在原地坚持斗争,直到新四军成立时才和主力汇合。谭余保来到马列学院后,范

---

① 董郁奎:《新史学宗师——范文澜传》,杭州:杭州出版社,2004年,第118页。
② 荣孟源:《范文澜同志在延安》,温济泽等编:《延安中央研究院回忆录》,长沙:湖南人民出版社,1984年,第183页。

范文澜在延安

文澜一家也和他建立了深厚的感情。由于是晚年生子，谭余保夫妇二人都不会抚养孩子，戴冠芳就经常给以指导和帮助。①

后来范文澜搬家到了杨家岭，住的地方有两个窑洞和一个小院子。尽管生活相对贫乏，范文澜和妻子依然把生活环境打造得温馨宜人。1944年6月，著名记者赵超构随中外记者西北参观团访问延安，与范文澜深入交流后，在后来结集出版的《延安一月》中有感而发。他这样描述范文澜：他对于他的庭院花木和他太太亲手做的绍兴菜，似乎非常得意。虽然离延安只有三四里路，无事却整年不进城。②

范文澜自己更是满足于延安的生活，他曾这样总结：

写边区一般状况的文字相当多，我不必重复来讲。我只写我个人的快意处。

第一，我酷爱学习，在边区外当教书匠，忙着"为人师"，极少学习的机会。即使偶有，因怕"别人说闲话，找岔儿""听来历不明人讲演，惹是非"等等原因，不得增益新知识，边区恰恰相反，任何人都在热心学习着。我以前对马列主义茫无所知，这一年来自觉进步不少。我如果努力不懈，一定还会进步。

第二，共产党确是光明磊落，领导全人类的政党，它对党员非党员一

---

① 荣孟源：《范文澜同志在延安》，温济泽等编：《延安中央研究院回忆录》，长沙：湖南人民出版社，1984年，第184、185页。

② 赵超构：《延安一月》，上海：上海书店，1992年，第146页。

视同仁,因才而使,绝对没有偏私的意见。我是教书匠出身,所以让我安心研究"本行事业"。图书馆中国古书很丰富,尽我能力自由去探求,结果,感觉到能力太缺乏了。想起过去像煞有介事地做"误人子弟"工作,真是罪过不小。

第三,共产党爱惜人才(虽然我并非人才),确是无微不至。即使是个人生活方面极小的节目,也是随时注意,尽可能想法改善,保障"安心研究"的成功。我确信,谁想成就自己的学问(不是空谈闲人的学问),应该想法进边区来。我又确信,目前在中国找不到像边区那样安静的地方,能让读书人无牵无碍,有吃有穿,平心静气进行读书和研究。

第四,但从文化方面说,边区是中国的文化中心地,也就是新兴文化的心脏。许多著名学者,聚集在延安周围几里路以内,他们研究的心得,随时开会报告。还有各式各样的讨论会、座谈会、研究会、学习小组,请他们出席指导做结论。试问,什么地方能够接近这样多的明师益友呢?所以居住边区的人,就是不很用功,也会飞跃的进步。

第五,中共中央领导人,对党员非党员的政治指导和人格示范,起着不可言喻的伟大影响。所以住在边区的人,没有政治上的迷惘,因为国际国内发生新问题,立刻会得到正确的指示;也没有思想行动昏惑不悟的危险,因为发现错误,立刻会得到自我批评的纠正。边区成为最快乐的地方,这是个主要的原因。

恕不第六第七……说下去。归根到底,边区确是全中国最快乐的地方。以前我这样听说,所以来到边区,现在我这样亲自看见,所以爱边区,希望长期地住在边区。①

显然,在范文澜心目中,延安不仅是他们一家人温暖的家,更是让每一个革命者都会感到"快意"的温暖的大家庭。

---

① 董郁奎:《新史学宗师——范文澜传》,杭州:杭州出版社,2004年,第119、120页。

"我们要时刻站在民众面前，替民众谋利益的。"

——冼星海

冼星海是我国著名音乐家。他的延安之行，乃至于到了延安之后的生活，是紧紧与他的妻子钱韵玲联系在一起的。

1937年冬，冼星海作为上海救亡演剧第二队成员，在武汉参加抗战宣传时与钱韵玲相识，从此，两个志同道合的青年人就陷入了幸福的热恋之中，并很快于1938年10月走进了婚姻的殿堂。

两个相爱的人在生活上找到了相互的依托，但在事业上又该如何发展呢？特别是在国破山河碎的民族救亡关头，他们又该怎样为民族抗战贡献出自己的一份力量？

冼星海和钱韵玲夫妇

正在困惑、迷茫的时候，1938年的冬天，延安来的一封信，给处于迷茫和探索中的他们带来了新的选择。

当时他们在武汉宣传抗战时，经常见到"抗大""陕公"招生的广告，也会见到延安来的青年，这些从延安来的青年身上的刻苦、朝气、热情打动了冼星海。正当他要打听更多延安消息的时候，延安"鲁迅艺术学院"寄来一封音乐系全体师生签名的信，希望聘请冼星海去鲁艺执教。在他还犹豫未决的时候，鲁艺又来了两封电报，冼星海便抱着试探的心情，决意起程北行了。当时心想：如果不合意时再出来。①

冼星海也很快把这个消息告诉新婚妻子，并希望她能一起前往。在致钱韵玲的信中，冼星海恳切地说：

> 我想到不久要到陕北的时候，那边给我们多少伟大的前途和希望！我也希望你一样地不和我分离，同在艰苦中奋斗，同在炮火中生长，使我们能够增强抗战力量，能够充实自己的生活和学识……韵玲，你这纯洁的女孩，你或许还没有感到我对你的期望。但你也该在这时代里去开辟你自己的路，从艰苦中去学习。这样你的生命才是有价值，才是属于群众的。我们到陕北去吧！那里可以给我们更多的勇气，那里可以使我们更了解真正的爱，再去创立我们的事业和将来。②

应该说，鲁艺的盛情邀请只是促成冼星海下决心来延安的契机，更重要的原因或者背景，是恰在这个时候，冼星海也面临着重要的人生抉择。曾与冼星海一起在武汉活动并加入由周恩来、郭沫若领导的国民政府军委会政治部第三厅③进步文艺团体的钱远铎（也是冼星海妻子钱韵玲的哥哥），这样描述了当

---

① 艾克恩：《延安文艺运动纪盛》，北京：文化艺术出版社，1987年，第97页。
② 《冼星海全集》编辑委员会：《冼星海全集》（第1卷），广州：广东高等教育出版社，1989年，第328页。
③ 国民政府军委会政治部第三厅，成立于1938年4月，在当时国共合作的大背景下，国民政府任命中共领导人周恩来出任军委会政治副部长，同时邀请在文化界享有盛誉的郭沫若出任主管宣传文化工作的第三厅厅长。周恩来、郭沫若在中国共产党领导下，积极开展抗日民族统一战线，并依托三厅在国统区组织、开展了卓有成效的抗日宣传文化运动。

时冼星海的困惑与最后的选择:

> 到了(一九三八年)七八月,武汉外围战争日益激烈,国民党反动派对日寇的进攻是步步退让,但对内却控制日严,三厅的工作也不大好做了。一些团体解放了,学校撤退了,工厂停工了,等等。星海是越忙劲头越大的人。眼看到国土日益沦丧,而自己却被人捆着双手,不能做点有益于抗战的工作,非常苦闷。他想离开武汉到延安去,这想法,他对我讲过好多次。以后,他向田汉同志,向郭老,最后向周总理都表示过。八月间,延安鲁艺寄来了聘书,聘他为鲁艺音乐系主任,他高兴得就像个孩子一样,眼泪流出来都不觉得。①

没有丝毫的耽搁,冼星海和钱韵玲到了西安,并于1938年11月1日从西安坐车出发,11月3日中午即到达延安。

来到延安后,冼星海如愿在新成立的鲁迅艺术学院工作,任鲁艺音乐系作曲和指挥课教师,后来还担任了音乐系主任。他还动员钱韵玲在延安抗日军政大学学习,并于12月6日办好了入学手续。延安的新生活,对于他们两个人来说,正式开启!

刚到延安,他们也克服了很多的不适应。如延安的小米饭在刚到延安的冼星海看来并不好吃:

> 我也吃到了小米饭,这饭不好吃,看来金黄可爱,像蛋炒饭,可是吃起来没有味道,粗糙,还杂着壳,我吃一碗就吃不下了。以后吃了很久才吃惯。各方面的生活我也跟他们一样,我开始学过简单的生活。②

---

① 钱远铎:《怀念星海》,聂耳、冼星海学会编:《永生的海燕——聂耳、冼星海纪念文集》,北京:人民音乐出版社,1987年,第266页。
② 冼星海:《新环境》,艾克恩主编:《延安艺术家》,西安:陕西人民教育出版社,1992年,第320页。

延安桥儿沟鲁艺全景

没过多久,冼星海就与延安的其他同事一样,融入了新的生活。冼星海曾这样对大家说:"我到延安以后,无比的兴奋,虽然延安生活很艰苦,但是心情无比愉快。我到了这里以后,亲眼看到和体会到只有共产党才能救中国。"①

钱韵玲还在他们的窑洞小院里养了几只鸡,不仅增加了生活情趣,鸡蛋甚至鸡肉还能补充身体的营养。

尤其让他们高兴的是不久之后他们的爱情结晶、新的小生命的诞生。

---

① 梁寒光:《我和星海老师在延安的时侯》,聂耳、冼星海学会编:《永生的海燕——聂耳、冼星海纪念文集》,北京:人民音乐出版社,1987年,第322页。

对于刚刚组成新家庭的年轻人来说，小宝宝的降生无疑是巨大的喜悦，但也给他们带来不小的挑战。从冼星海当年的日记中，我们不难看出面对这一家庭大事，毫无经验的年轻的冼星海夫妇是多么手足无措：

1939年8月5日

半夜，玲①肚痛，我身体非常疲倦，我想不理她，以为她不痛。后觉得有生产之可能，我便在六时去找那陈医生。她替她检查，确实系生产，但没有医具，只得先用她自己带来的，我便向管理科取，一面去中央干部医院取药。在这痛苦呻吟当中，玲在早上十时五十五分生下了一个女孩子，她长得很大很胖。从今日起我们做了父母亲了，我们叫这小孩子名妮娜！中央给玲二十元生产特别费。②

冼星海夫妇与女儿在延安

在小女儿的降生带给他们幸福与快乐的同时，最让冼星海激动的，是被党组织批准加入了他心目中一直向往的中国共产党。

历史的记录最能体现时代感，也最有穿透力！

---

① 玲，即钱韵玲，下同。
② 《冼星海全集》编辑委员会：《冼星海全集》（第1卷），广州：广东高等教育出版社，1989年，第289页。

我们还是通过冼星海当天的日记来探寻他的内心感受吧：

> 1939年6月14日
>
> 下午由李华同志通知，介绍"鲁艺"支部党员给我认识。先由赵毅敏、徐一新介绍我入党的手续，经他们许可和承认，他们又把入党的条例宣布并叫我发表自己意见。我讲了几点，其他党员没有什么意见。今天就算我入党的第一天，可以说生命上最光荣的一天。我希望能改变我的思想和人生观，去为无产阶级的音乐来奋斗！①

若干年后，钱韵玲在怀念冼星海的文章中，也饱含感情并生动地还原了当时冼星海激动的心情：

> 1939年6月14日，是你永生也不会忘记的日子。那天，你从外面回来，脸上洋溢着激动的笑容对我说："我的组织问题解决了，从今天起已成为党的一员了，这是我一生中最光荣的一天。"你又对我说："我还有缺点，要很好地学习，改造自己的世界观。"并叮嘱我也要尽快地解决组织问题。你在工作之余特别注意认真学习马列主义、毛主席著作，当时有的书买不到，我记得你就向莎莱等借来学，而且还很细心地做了许多笔记。你曾不止一次地对我说：在音乐上过去不能解决的问题，在学习马列主义和毛主席著作中得到了解决。你的工作和创作实践，就是你成长为共产主义战士的见证。②

半年之后的1939年12月3日，冼星海被转为中共正式党员。在当天的日

---

① 《冼星海全集》编辑委员会：《冼星海全集》（第1卷），广州：广东高等教育出版社，1989年，第282页。李华，时任鲁艺政治处处长；赵毅敏，时任鲁艺副院长；徐一新，时任鲁艺训育处处长。
② 钱韵玲：《星海在武汉和延安》，文化部党史资料征集工作委员会、《延安鲁艺回忆录》编辑委员会编：《延安鲁艺回忆录》，北京：光明日报出版社，1992年，第280页。

记中，冼星海郑重写道：永不能忘记的日子。（转为中共正式党员）①

又是半年之后，1940年5月，冼星海受组织选派，为八路军延安电影团拍摄的《延安与八路军》电影赴苏联进行音乐创作和后期制作。冼星海从延安出发后，先在西安停留，准备行程，10月19日，乘火车离开西安，抵达兰州后，又改乘飞机经新疆直飞莫斯科。在此期间，他和钱韵玲一直用书信来往，直到1945年10月冼星海因病去世。

在给钱韵玲的信中，冼星海更多的是对其政治上的关心、学习上的鼓励和生活上的指导与挂念：

1939年春，冼星海参加延安生产运动

不久我就要离开西安，我买的东西，将要托人带去"鲁艺"给你……现在正是我们更要努力的时候了，我们要互相勉励、督促和竞赛。我相信将来会面的时候，我和你都是更感到快乐，我们的爱必须建立在互相理解和一生事业里面。

我常想念着你和妮娜，为着爱我们更应加倍努力，我们要贡献一切所有，为民族解放、为实现我们的最高的理想。②

---

① 《冼星海全集》编辑委员会：《冼星海全集》（第1卷），广州：广东高等教育出版社，1989年，第290页。
② 《冼星海全集》编辑委员会：《冼星海全集》（第1卷），广州：广东高等教育出版社，1989年，第329页。

我去后你要加强政治学习，政治的基础是每个艺术人才必须具备的，我希望你能彻底了解马列主义并且应用它。等我回来时，大家互相讨论！互相研究！尽可能你要争取学习时间。①

最近看什么书？有两本书你一定要买的，（一）《论共产党》、（二）《唯物史观》，你看完之后再看《辩证法唯物论教程》，好吗？②

你近来看些什么书？你感到寂寞吗？你开始工作没有？有余闲时你可多看《中国文化》、《解放》及《联共党史》、《论共产党》这类的书，是可以帮助你的。《唯物史观》这本书非常好，你可买一本或借一本去读，并且要慢慢地读，同时又要做笔记……对一切人都要和气和谦卑，并且要虚心，以前我和你都没有做好。我们现在的确要好好地做人、好好地做事和不断地学习，因为我们是有责任去干一番事业的，有一分力就要尽一分力量去干……你不断地去写，我会不断地去替你修改和给你鼓励。不过一切学习都先以政治课为基础，尤其是要热心于马列主义，不要嫌它乏味。假如你不弄通马列主义，你的艺术造就是有限的，请你接受我的忠实话……你不要忘记自觉地去接近共产主义，我希望你早些解决组织问题。③

我很觉得你进步了，以后还是多看书……不但可以解寂寞，而且可以学习不少东西。"马列主义"无论如何你要设法用功，我回来时大家检讨好吗？

干部的衣服，你可以穿，不必留给我。你现在是等衣服穿，而且要穿得舒服些。我在外边生活起居衣着都是很好的，你不必挂心。津贴每月照发，是党中央待我优待，我们要诚恳地感谢他们。我们要好好地用，不宜浪费，因八路军是劳苦大众，我们每月所余的钱，尽可能去帮助教职员或

---

① 《冼星海全集》编辑委员会，《冼星海全集》（第1卷），广州：广东高等教育出版社，1989年，第330页。
② 《冼星海全集》编辑委员会，《冼星海全集》（第1卷），广州：广东高等教育出版社1989年，第331页。
③ 《冼星海全集》编辑委员会，《冼星海全集》（第1卷），广州：广东高等教育出版社，1989年，第335、336页。

同学的不足。你还要记得替我交给支部的每月党费。①

你去"女大"学习,我百分之百赞成……在"女大"学习时你必须参加集体生活,接近群众,同时要努力做公众的事,要记得牺牲自己的利益为大众服务……你要看的书,首先是这本《什么是马列主义》,其次是《中国革命运动史》、《唯物史观》、《社会科学概论》,你可时常请教凌莎②同志,她可告诉你……四川打电报请我当教员,当然不会去的。不管他们拿出一百八十元代价,我不是用钱买得动的,不理他是对的。因为艺术家有他自己的人格,也有阶级性和党派性的。我是不容被人动摇的,你也是一样。如不然,我们的艺术是为着什么?你现在很进步,我真欢喜。假如我们了解我们的目标和路线,我们永远是快乐的。我们要时刻站在民众面前,替民众谋利益的。③

你不必为着我们没有信赖就睡不着或终日忧愁。我们虽然别离了四个月,但如果革命都是能够大家努力,我们可以彼此安慰。不必存在着过去的习惯,现在是战时,我们决心把自己的一切贡献给国家民族,因此我们要把我们私人的恩怨看轻一些,而更要看重整个民族的利益。我希望不要过于怀念我,不然,恐怕对你的身体有妨碍,反使我不安。今后我们更要努力,加强自己,努力学习。④

我现在既离开了妈妈,又离开了你和妮娜,虽然我时常都怀念着,不断地怀念着,但我的精神大部分都是为着工作,把私人的事情放在第二位。我应该用尽自己的力量去完成我负责的工作,把自己一切的力量放在工作上,时刻记着自己,不脱离群众,并且要时常站立在民众面前。⑤

---

① 《冼星海全集》编辑委员会,《冼星海全集》(第1卷),广州:广东高等教育出版社,1989年,第340页。
② 凌莎,鲁艺副院长赵毅敏妻子,原名李雾仙,广东梅县人。1926年加入中国共产党,时任延安女子大学副教导主任。
③ 《冼星海全集》编辑委员会,《冼星海全集》(第1卷),广州:广东高等教育出版社,1989年,第349、350页。
④ 《冼星海全集》编辑委员会,《冼星海全集》(第1卷),广州:广东高等教育出版社,1989年,第352页。
⑤ 《冼星海全集》编辑委员会,《冼星海全集》(第1卷),广州:广东高等教育出版社,1989年版,第362页。

冼星海与钱韵玲自 1938 年底来到延安，他们在一起共同生活的时间只有两年半多一点，后来受组织选派，冼星海离开延安远赴苏联，直到 1945 年 10 月冼星海在苏联不幸因病去世。在当时的条件下，他们两人的交流唯有通过书信。通过这些私密性非常强的个人信件，我们可以看出，这其中虽然也有爱人之间的卿卿我我，包括相互生活上的提醒、关爱，但更为特别的，或者说分量更重的，是书信中两人在思想上的坦诚交流，以及在政治上共同追求进步的互相关心。

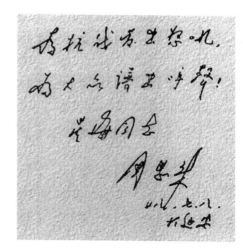

周恩来为冼星海题词：为抗战发出怒吼，为大众谱出呼声！

冼星海一开始对要去延安充满犹豫，甚至做好了一旦不如意就随时离开的打算，而当他来到延安，立刻就被延安火热的革命氛围所包裹、感染，并很快向党组织靠拢，成为一名光荣的中国共产党党员，成为中国革命的先锋战士。作为丈夫，他也时刻关心、引导着妻子钱韵玲政治上的成长，从她更适合在哪个学校读书到推荐她读哪些马列主义书籍，乃至于希望她在学业上进步的同时，在政治上也尽快成熟，并向着成为一名中国共产党党员而努力。80 年后的今天，我们以崇敬的心情重温冼星海的延安日记及他与妻子钱韵玲的书信时，可以看出：冼星海与钱韵玲把追求崇高的信仰、为了共同的理想而不懈奋斗，以及追求政治上的共同进步，始终作为贯穿他们两个人情感上、生活上的一根红线。他们的这种相处模式可谓是典型的延安时代符号，代表着当年那个时代追求、向往并以实际行动投身革命的进步知识分子那充实而饱满的生活中所充盈着的亮丽的红色印记。

随着时代车轮的不断前行，当年那个充满热血和激情的时代终会渐渐远去，但其中所沉淀下来的珍贵记忆，以及所体现出来的永恒的精神魅力，不仅会给我们以感奋、教益，更是今天的人们不应忘记并且也挥之不去的宝贵时代遗产。

参考文献

（按出版时间先后为序）

[1]《新中华报》（1937.1—1941.5）

[2]《新华日报》（1938.1—1947.2）

[3]《解放日报》（1941.5—1947.3）

[4] 湖南省长沙师范学校.怀念徐特立同志[M].长沙：湖南人民出版社，1979.

[5] 湖南人民出版社.怀念彭德怀同志[M].长沙：湖南人民出版社，1979.

[6] 中共宁乡县委员会.怀念谢觉哉同志[M].长沙：湖南人民出版社，1980.

[7] 湖北省社会科学院.忆董老（第一辑）[M].武汉：湖北人民出版社，1980.

[8] 人民出版社.回忆叶挺[M].北京：人民出版社，1981.

[9] 湖北省社会科学院.忆董老（第二辑）[M].武汉：湖北人民出版社，1982.

[10] 中共中央文献研究室.毛泽东书信选集[M].北京：人民出版社，1983.

[11]《谢觉哉传》编写组.谢觉哉传[M].北京：人民出版社，1984.

[12] 湖南省长沙师范学校.徐特立传[M].长沙：湖南人民出版社，1984.

[13] [美]埃德加·斯诺.斯诺文集3：为亚洲而战[M].宋久，等，译：北京：新华出版社，1984.

[14] 中共临澧县委.怀念林伯渠同志[M].长沙：湖南人民出版社，1985.

[15]《王稼祥选集》编辑组.回忆王稼祥[M].北京：人民出版社，1985.

[16] 孙新元，尚德周.延安岁月[M].西安：陕西人民美术出版社，1985.

[17]《林伯渠传》编写组.林伯渠传[M].北京：红旗出版社，1986.

[18] 金城.延安交际处回忆录[M].北京：中国青年出版社，1986.

[19] 四川省委党史工作委员会《吴玉章传》编写组.吴玉章文集（下册）[M].重庆：重庆出版社，1987.

[20] 金瑞英.邓颖超 一代伟大的女性[M].太原：山西人民出版社，1989.

[21]《冼星海全集》编辑委员会.冼星海全集（第1卷）[M].广州：广东高等教育出版社，1989.

[22] 中共中央党史研究室.张闻天[M].北京：中共党史资料出版社，1990.

[23] 吴介民.延安马列学院回忆录[M].北京：中国社会科学出版社，1991.

[24] 西安市政协文史资料委员会.忆延安（西安文史资料第17辑）[M].西安：陕西人民出版社，1991.

[25]陕西省档案馆,陕西省社会科学院.陕甘宁边区政府文件选编(第14辑)[M].北京：档案出版社，1991.

[26] 中共中央文献研究室.回忆朱德[M].北京：中央文献出版社，1992.

[27] 文化部党史资料征集工作委员会，《延安鲁艺回忆录》编辑委员会.延安鲁艺回忆录[M].北京：光明日报出版社，1992.

[28] 艾克恩.延安艺术家[M].西安：陕西人民教育出版社，1992.

[29] 韦刚.彭德怀[M].成都：四川人民出版社，1993.

[30] 康克清.康克清回忆录[M].北京：解放军出版社，1993.

[31] 徐新民.在毛泽东身边[M].北京：中共中央党校出版社，1993.

[32]《忆邓大姐》编辑组.忆邓大姐[M].北京：中央文献出版社，1994.

[33] 张闻天选集传记组，中共陕西省委党史研究室，中共山西省委党史研究室.张闻天晋陕调查文集[M].北京：中共党史出版社，1994.

[34] 中共中央文献研究室.毛泽东在七大的报告和讲话集[M].北京：中央文献出版社，1995.

[35] 中央党史研究室张闻天选集传记组.张闻天文集（三）[M].北京：中共党史出版社，1995.

[36]《纪念蔡畅》编辑委员会.纪念蔡畅[M].北京：文物出版社，1995.

[37] 中共中央文献研究室陈云研究组.陈云画册[M].北京：新华出版社，1996.

[38] 中共中央党史研究室，中共中央对外联络部，中国人民解放军总政治部.王稼祥[M].北京：中共党史出版社，1996.

[39] 中共中央文献研究室.刘少奇年谱（1898—1969）（上卷）[M].北京：中央文献出版社，1996.

[40] 中共中央党史研究室第一研究部《关山渡若飞》编辑组.关山渡若飞——王若飞百年诞辰纪念集[M].北京：中共党史出版社，1996.

[41] 任远志.我的父亲任弼时[M].沈阳：辽宁人民出版社，1997.

[42] 中共中央文献研究室.周恩来邓颖超通信选集[M].北京：中央文献出版社，1998.

[43] 穆欣.续范亭传[M].北京：华夏出版社，1998.

[44] 王焰，蒋宝华.中国人的脊梁——彭德怀[M].北京：人民出版社，1998.

[45] 刘爱琴.我的父亲刘少奇[M].沈阳：辽宁人民出版社，1998.

[46] 中共四川省委党史研究室，刘文耀，杨世元.吴玉章年谱[M].成都：四川人民出版社，1998.

[47] 魏晓东，邢华.生活中的刘少奇[M].北京：解放军出版社，1999.

[48]《缅怀陈云》编辑组.缅怀陈云[M].北京：中央文献出版社，2000.

[49] 王光美，刘源.你所不知道的刘少奇[M].郑州：河南人民出版社，2000.

[50] 张培森.张闻天年谱（1900—1976）（上卷）[M].北京：中共党史出版社，2000.

[51] 中国人民解放军国防大学.中国人民抗日军事政治大学史[M].北京：中国人民解放军国防大学出版社，2000.

[52] 夏远生，等.相伴百年——李富春与蔡畅[M].长沙：湖南人民出版社，2000.

[53] 陈志凌.中共党史人物传精选本（1—10卷）[M].北京：人民日报出版社、中央文献出版社，2001.

[54] 中央档案馆.中国共产党八十年珍贵档案[M].北京：中国档案出版社，2001.

[55] 中共中央文献研究室，中央档案馆，《党的文献》杂志社.红书简[M].太原：山西人民出版社，2001.

[56] 杨尚昆.杨尚昆回忆录[M].北京：中央文献出版社，2001.

[57] 陈小曼.茅盾[M].石家庄：河北教育出版社，2001.

[58] 徐则浩.王稼祥年谱[M].北京：中央文献出版社，2001.

[59] [美]埃德加·斯诺.西行漫记[M].董乐山，译.北京：解放军文艺出版社，2002.

[60] 中共中央文献研究室.毛泽东书信选集[M].北京：中央文献出版社，2003.

[61] 韦韬，陈小曼.我的父亲茅盾[M].沈阳：辽宁人民出版社，2004.

[62] 董郁奎.新史学宗师——范文澜传[M].杭州：杭州出版社，2004.

[63] 中共中央文献研究室.任弼时传[M].北京：中央文献出版社，2004.

[64] 中共中央文献研究室邓小平研究组.永远的小平 卓琳等人访谈录[M].成都：四川人民出版社，2004.

[65] 刘家栋.陈云在延安[M].北京：中国方正出版社，2005.

[66] 刘英.刘英自述[M].北京：人民出版社，2005.

[67] 《董必武传》撰写组.董必武传（1886—1975）（上卷）[M].北京：中央文献出版社，2006.

[68] 丁晓平.家世·家书·家风：毛泽东的亲情世界[M].北京：中央文献出版社，2006.

[69] 中共中央文献研究室.朱德年谱（1886—1976）（新编本）[M].北京：中央文献出版社，2006.

[70] 刘益涛.十年纪事——1937—1947年毛泽东在延安[M].北京：中共党史出版社，2007.

[71]《中华之魂》编委会.《〈中华之魂〉星辰谱》[M].北京：知识产权出版社，2007.

[72] 吴筑清，张岱.中国电影的丰碑：延安电影团故事[M].北京：中国人民大学出版社，2008.

[73] 顾棣.中国红色摄影史录（上下）[M].太原：山西人民出版社，2009.

[74] 贺晓明.前辈的身影[M].上海：中西书局，2011.

[75] 程中原.转折关头：张闻天在1935—1943[M].北京：当代中国出版社，2012.

[76] 李向前.毛泽东在延安（1936—1948）[M].北京：中央文献出版社，2012.

[77] 中共中央文献研究室.毛泽东年谱（1893—1949）（修订本）（上中下卷）[M].北京：中央文献出版社，2013.

[78] 续磊，穆青.续范亭文集[M].北京：人民出版社，2013.

[79] 中共中央文献研究室.回忆任弼时[M].北京：中央文献出版社，2014.

[80] 张复，仲实：张仲实画传、忆念与研究[M].北京：中央编译出版社，2014.

[81] 金星.亲历延安岁月——延安中央医院的往事[M].北京：中国人民大学出版社，2015.

[82] 中共中央文献研究室.陈云传[M].北京：中央文献出版社，2015.

[83] 师哲口述.在历史巨人身边：师哲回忆录[M].李海文整理.北京：九

州出版社，2015.

[84] 八路军西安办事处纪念馆.永远的丰碑——全国八路军办事处抗战纪事[M].西安：三秦出版社，2015.

[85] 中共中央文献研究室.朱德传[M].北京：中央文献出版社，2016.

后 记

1937年11月,刚刚落脚延安的毛泽东收到了从湖南老家寄来的一封信。写信的是毛泽东的表兄文运昌,他在信中表达了自己希望到延安工作的意愿。文运昌是毛泽东舅父文玉钦的次子,年长毛泽东8岁。毛泽东年幼时的大部分时间都是在外祖家与诸位表兄一起度过的,当时文运昌还给毛泽东推荐和借阅了许多书报。毛泽东16岁的时候,父亲要送他到湘潭县城一家米店当学徒,眼看要失学,这时,表兄文运昌极力支持毛泽东继续读书,并主动向东山学校引荐他,还亲自陪同他到该校报到。应该说,这是毛泽东人生的重要转折,对于毛泽东后来继续求学,并走上革命道路,是非常关键的。多年之后,毛泽东在接受美国记者斯诺的采访中还专门谈到了这一点。①

即使是面对自己的至亲,甚至是有恩于自己的最亲近的表兄,毛泽东依然坚持原则。他在回信中写道:吾兄想来工作甚好,惟我们这里仅有衣穿饭吃,上自总司令下至火夫,待遇相同,因为我们的党专为国家民族劳苦民众做事,牺牲个人私利,故人人平等,并无薪水。如兄家累甚重,宜在外面谋一大小差事俾资接济,故不宜来此。

毛泽东接着在信中解释说:前由公家寄了二十元旅费给周润芳,因她系泽覃死难烈士之妻,故公家出此,亦非我私人的原(缘)故,敬祈谅之。我为全

---

① [美]埃德加·斯诺著,董乐山译:《红星照耀中国》,北京:作家出版社,2012年,第90、91页。

社会出一些力,是把我十分敬爱的外家及我家乡一切穷苦人包括在内的,我十分眷念我外家诸兄弟子侄,及一切穷苦同乡,但我只能用这种方法帮助你们,大概你们也是已经了解了的。①

作为中国共产党的领袖,面对非常亲近且有恩于自己的表兄提出的工作与生活上的要求,毛泽东始终坚持原则,并没有搞特殊化、给予照顾,而是坚持公私有别,越是亲近的人,越要严格要求。

由于工作的关系,笔者一直与延安有着不解之缘,几乎每天都会走进延安时代,也总是被深深地感动和激励着。也因此,利用业余时间,围绕着延安精神、延安时期的社会风尚等专题,逐渐积累和形成了一些文字,并通过与广大读者的分享,在自己不断受到教育的同时,也由衷感到内心的充实,并获得满满的收获。

然而展现在大家面前的这本书,却令我心怀忐忑。这其中,除了自己的思想境界与学识能力之外,更加充满挑战的是相关资料的缺乏。

1939年4月,毛泽东中学时的同学萧三从苏联回到延安。萧三因为十分了解毛泽东的求学和革命经历,便自告奋勇提出要为毛泽东写自传,并且已经着手写了一部分。然而毛泽东却并没有同意他继续做这件事情②。唯一的例外,是在中共中央和中央红军刚刚落脚到陕北,积极对外宣传中国共产党的政策主张,对外展示中国工农红军的真实形象,毛泽东在接受美国记者埃德加·斯诺的采访时,为帮助斯诺了解中国革命的特点和发展历程,便结合自己的成长经历和参加革命的实践,第一次也是唯一的一次畅谈了自己的家世和个人经历。

1937年2月,美国记者史沫特莱来到延安,当天就见到了中国工农红军总司令朱德。在延安,史沫特莱还有一个收获,那就是说服朱德同意并最终撰写和出版了他的传记《伟大的道路——朱德的生平和时代》。然而一开始朱德却并不同意宣传自己,直到史沫特莱说道:"因为你是一个农民。中国人十个

---

① 中共中央文献研究室:《毛泽东书信选集》,北京:中央文献出版社,2003年,第105页。
② 萧三曾记述道:毛泽东同志几次传话,叫我停止写他个人,最后亲自劝我多写群众。见萧三:《毛泽东同志的青少年时代和初期革命活动》,北京:中国青年出版社,1980年,第2页。

有八个是农民。而迄今为止，还没有一个人向全世界谈到自己的经历。如果你把身世都告诉了我，也就是中国农民第一次开口了。"①在史沫特莱的坚持下，朱德才接受了她的采访。史沫特莱所撰写的这本书也成为对外展示中国共产党军队领导人的珍贵历史资料。

毛泽东、朱德通过接受外国记者的采访，从而为今天留下了许多珍贵的资料。但与在延安的其他革命者一样，他们不约而同地并没有浓墨重彩地宣传自己，甚至有意回避对自己、对家人的宣传。在他们看来，只有中国革命和党的事业才是全部的工作和生活重心。

值得珍视的是，几十年后的今天，我们还是从延安时期所留下的历史文献、通讯报道，从延安时代亲历者及其同事、家人、亲属珍贵的回忆文字中，能够清晰地感知延安时代革命前辈在投身于中华民族独立与解放事业的同时所展现出来的良好家风。而延安时代的良好家风，也从一个独特而重要的侧面，体现出延安时代良好的社会风尚，构成了延安精神的重要内容。

在2019年春节团拜会上，习近平总书记讲道："我们要在全社会大力弘扬家国情怀，培育和践行社会主义核心价值观，弘扬爱国主义、集体主义、社会主义精神，提倡爱家爱国相统一，让每个人、每个家庭都为中华民族大家庭作出贡献。"总书记多次强调要"继承和弘扬革命前辈的红色家风"，"要把家风建设摆在重要位置"，倡导广大党员干部"做家风建设的表率"。

2020年9月，习近平总书记在给中国延安精神研究会第六次会员大会发来的贺信中指出：延安是中国革命的圣地，老一辈革命家和老一代共产党人在延安时期培育形成的延安精神是我们党的宝贵精神财富。

新时代的今天，学习、继承和弘扬延安精神，是不忘初心、牢记使命、继续前进的重要内容和强大思想动力。为此，笔者不揣浅陋，以崇敬的心情，结合延安时代革命者的良好家风，借助于延安时期的历史文献，以及延安时代中国革命的亲历者及革命前辈的战友、家人和后代的回忆与描述，形成了本书的

---

① [美]艾格妮丝·史沫特莱著，梅念译，胡其安、李新校注：《伟大的道路——朱德的生平和时代》，北京：生活·读书·新知三联书店，1979年，第3、4页。

文字，所引文献及资料来源均在本书参考文献或正文注释中列出。另外，还从中央档案馆、延安革命纪念馆，以及公开出版的人物传记、历史著作、专题画册中引用了有关历史图片和摄影照片，限于体例，未能一一标出，在此表示诚挚的感谢。

由于笔者学识见闻及掌握材料的限制，围绕延安时代的革命家风，还有许多内容未能列出或完整体现，真诚期待在今后不断学习、不断丰富的基础上，能够继续充实和完善。

是为记。

王纪刚
2020年9月于怡然居